황효진

건강하게 일하는 방법을 함께 고민하는 커뮤니티 '뉴그라운드' 운영자. 기자, 콘텐츠 디렉터 등으로 일했고 파트타이머, 정규직, 파견계약직, 프리랜서, 개인사업자를 모두 경험했다. 한때는 한 가지 키워드로 요약할 수 없는 잡다함을 약점으로 여겼으나 이제는 잡다함이야말로 나의 고유성이라고 생각하며 다양한 노동자 정체성을 저글링하면서 일한다. 2023년 9월부터는 여성학 연구/공부 노동자라는 정체성을 추가했다. 젠더 그리고 이름 붙여지지 않은 노동에 특히 관심을 두고 있다. 『아무튼, 잡지』, 『나만의 콘텐츠 만드는 법』, 『어른이 되면 고민이 끝날까?』, 『장수 고양이를 찾아서』를 썼고, 『자세한 건 만나서 얘기해』, 『일잘잘: 일 잘하고 잘 사는 삶의 기술』 등을 함께 썼다.

일의 말들

가뿐한 퇴근길을
만드는 감각

일의 말들

황효진 지음

들어가는 말
일의 세계를 함께 부수고 다시 지을 나의 동료에게

없으면 불안한 물건이 딱 두 개 있다. 하나는 휴대전화, 하나는 일할 때 사용하는 수첩이다. 휴대전화야 현대인들에게는 거의 신체의 일부가 되었다고 해도 과언이 아닐 테니 그렇다 치고, 수첩은 왜? 필수 소지품 중 하나가 수첩이라고 하면 시도 때도 없이 메모해야 하는 기록광인가 싶겠지만 그런 건 아니다. 돈이 없으면 삶을 꾸릴 수 없고 따라서 돈을 벌기 위해서는 일을 해야만 하는, 즉 "인생을 유료 구독 중"●인 나라는 사람의 필수 업무 도구가 수첩일 뿐이다. 하루의 업무를 시작하기 전, 수첩을 펼쳐 오늘의 투두 리스트To-do list를 정리한다. 휴대폰에 설치한 구글 캘린더의 일정을 체크하면서 오늘까지 반드시 해야만 하는 일들을 나열하고, 일을 마무리한 뒤 체크 표시를 할 수 있는 작은 네모박스를 그리고, 시간대별로 어떤 일을 할지 대략적인 일정을 짠다. 변덕이 심하고 끝맺음도 잘 못 하는 성격이라 일기장은 기분과 시기에 따라 썼다 안 썼다 했지만 이 업무 수첩만큼은 꾸준히 써 왔다.

● 한유리, 『불멸의 인절미』 (위즈덤하우스, 2024)

언제부터 업무 수첩에 집착하게 되었나 생각해 봤다. 기자로 조직에 속해서 일할 때는 그러지 않았던 것 같다. 퇴사 이후 프리랜서가 되고, 하는 일의 가짓수가 2개, 3개 이상으로 늘어나기 시작했을 때부터 투두 리스트와 (시간대별로 업무를 표시할 수 있는) 버티컬 캘린더에 의존하게 되었다. 요즘도 나는 변함없이 다양한 일을 굴리고 있다. 작가, 커뮤니티 운영자, 강사, 활동가, 대학원생, 무임금 가사 노동자 등 여러 가지 직업이 내가 가진 시간을 조각조각 나누어 사용한다. 많은 일을 하지만 그 어떤 것도 풀타임으로 하고 있지 않다는 점에서 나는 일종의 파트타임 직업인이다. 꽤 오랫동안 이렇게 지냈다.

그렇지만 일만 하는, 일밖에 모르는 사람이 되고 싶지는 않았다. 언젠가부터는 아침에 눈을 뜨면 최소 30분 이상 어떻게든 짬을 내어 책을 읽었다. 손바닥보다 약간 더 큰 크기의 도톰한 수첩을 사서 책에서 발견한 문장을 손으로 써 넣었다. 일에 너무 휩쓸리며 살아가고 있다는 생각도, 삶이 어딘가 잘못 되어 가고 있다는 예감도 그럴 때마다 조금씩 누그러졌다. 각 페이지의 오른쪽 상단에는 날짜와 요일을 표시했는데, 그에 따르면 어떤 날에는 기록이 한 페이지로 족했고 어떤 날에는 두세 페이지를 훌쩍 넘겼다. 어떤 문장들이 얼마나 쌓였나 보려고 수첩을 유심히 살피던 어느 날, 거기에는 일과 일을 둘러싼 것들에 관한 이야기가 유난히 많다는 사실을 깨달았다. 아무것도 하지 않는 법에 관하여, 청소라는 노동에 관하여, 매력적인 노동자가 되기 위해 SNS에서 수행하는 또 다른 노동이 우리를 얼마나 지치게 하는지에 관하여, 번아웃에 관하여……. 이 문장들은 수많은 일하는 날들을 버티게 해 주었고 일을 바라보는 시선을 바꾸거나 넓혀 주었으며 당연하다고 여겨 왔던 것들에 의문을 품게 해 주었다.

『일의 말들』을 쓰고 싶었던 이유는 그 때문이었다. 책에서, 다른 사람들의 말에서 일에 대한 힌트를 찾아 헤맨 시간이 나만의 것으로 남지 않았으면 했다. 꾸준히 책을 읽어 왔으니 100개의 말들을 수집하는 건 수월할 거라고 자신했다. 본격적으로 글을 쓰기 시작하면서 나는 당황했다. 나는 내가 지금까지 해 보지 않은 노동에 관해 아는 게 거의 없었고, 내 경험만으로는 일에 관한 이야기를 100편이나 쓸 수는 없었다. 아직 만나지 못한 일의 말들을 발견하기 위해 온갖 책들을 샅샅이 살펴봐야 했다. 그 과정은 내가 몰랐던 노동들을 간접적으로나마 알아 가는 시간이기도 했다. 그러므로 이 책은 타인의 노동에 크게 빚지고 있다. 그럼에도 불구하고 (당연하게도) 여기서 충분히 다루지 못하거나 언급조차 하지 못한 노동들이 많다는 사실을 미리 전한다. 더불어 이것이 한국에서 태어나 한국에서 쭉 살았고, 현재로서는 수도권에 거주하는 비장애인이며, 사무직에 가까운 일들을 하고, 육아를 비롯한 타인 돌봄 노동을 거의 하지 않고 있는 사람의 글이라는 걸 의식하며 읽어 주기를 부탁하고 싶다.

여기까지 읽었다면 눈치챘겠지만 이 책에서는 '일'과 '노동'을 굳이 구별하지 않았다. 대개 '일'work은 다양한 직업을, '노동'labour/labor은 몸을 움직여서 하는 일을 뜻한다. 자기 계발과 관련해서는 '일'이, 잘 보이지 않았던 일을 가시화하거나 어떤 일의 고됨, 문제점 등을 드러낼 때는 '노동'이 자주 사용되는 것 같다. 생각해 보면 '일하는 사람'과 '노동자'도 각각 다른 맥락에서 사용되고, 어떤 이들은 자신을 '일하는 사람'으로는 지칭해도 '노동자'로는 인식하지 못하기도 한다. 그건 아마 '노동'과 '노동자'

라는 단어에 정치적인 뉘앙스가 담겨 있다고 느끼기 때문일 것이다. 그러나 우리가 속한 사회에서 이루어지는 한 정치적이지 않은 일이란 없다. 어떤 일이 어떻게 구성되고 어떻게 이해되며 어떤 위치를 갖는지는 모두 그 사회의 맥락과 관계되어 있다. 일하는 사람이 곧 노동자라는 것, 어떤 방식으로든 몸을 쓰지 않고 할 수 있는 일은 없다는 사실을 잊지 않기 위해서 '일'과 '노동'을 섞어서 사용했다.

가끔은 '이 책을 내가 대체 왜 쓰려고 했더라?'라는 근본적인 의문에 빠졌다. 일의 노하우를 공유하기 위해서? 일 때문에 괴롭고 힘든 사람들에게 위로와 공감을 전하기 위해서? '내가 이렇게 일을 잘한다'고 자랑하려고? 보통은 잠재적인 독자의 얼굴을 상상하며 책을 쓰기 마련이지만, 이상하게도 이번에는 그게 잘 되지 않았다. 떠오르는 얼굴이 없어서가 아니라 너무 많아서였다. 그래서인지 이 책에는 나의 개인적인 일 역사와 질문, 고민, 노하우, 노동에 관한 담론과 흐름 등이 뒤섞여 있다. 일이 싫지만 일을 놓을 수는 없는, 일 잘하는 게 중요하지 않다고 말하면서도 유능한 노동자로 보이고 싶은 모순 같은 것들도 그대로 드러나게 두었다.

다만 나의 노동과 타인의 노동이 별개가 아니라는 이야기만큼은 정확하게 하고 싶었다. 전 세계적으로 안정적이고 안전한 일자리보다 단기적이며 노동자에 대한 보호 장치라고는 없는 일자리가 폭발적으로 늘어나는 시기이며, 일하는 사람들은 각자의 고유성을 인정받기보다 언제든 쉽게 교체될 수 있는 인력으로 여겨진다. 우리는 이런 환경 속에서 일하고 있다. 일하는 사람들이 겪는 어려움은 개인에게 맡겨진 숙제도 각자가 능력으로 극복할 수 있는 고난도 아니다. 일과 일터의 문제는 모두의 문제다.

여기까지 쓰고 나니 내가 이 책으로 하고 싶었던 말이 무엇인지 설명할 수 있을 것 같다. 우리의 노동과 노동 환경은 잘못되었고 일하는 사람들이 '함께'일 때라야 그것을 바꿀 수 있다. 우리의 일은 전부 연결되어 있다고, 무엇이 문제인지 같이 고민해 보자고, 더 나은 일과 일터를 만드는 방법을 같이 찾아보자는 말을 건네고 싶었다. 서로에게 새로운 일의 세계를 함께 쌓아 올릴 동료가 되어 주자고 요청하기 위해서 100편의 글을 썼다.

들어가는 말	9
문장 001	16
↓	↓
문장 100	214

일은 우리의 정체성 및 일상과 깊이 얽혀 있다.

어밀리아 호건, 『노동의 상실』
(박다솜 옮김, 이콘, 2023)

내 이름 앞에서 회사를, 하는 일을 떼면 나를 뭐라고 설명할 수 있을까? 이 질문 앞에서 망설이지 않을 사람은 드물 것 같다. 커뮤니티에서 만나는 사람들 상당수가 '회사를 그만두면 나를 소개하면서 뭐라고 설명해야 할지 모르겠다'고 한다. "○○○에 다니는 ×××입니다" "□□□를 하는 △△△입니다"로 나를 설명하는 건 가장 쉽고 편한 소개 방법이다. 나 또한 "뉴그라운드라는 여성들의 커뮤니티를 만들고, 팟캐스트도 진행하고, 글도 쓰는 황효진입니다"라고 소개하곤 한다. 여러 가지 일을 병행한다는 게 자랑스럽거나 대단한 게 아니라고 하면서도, 일이 한 사람의 전부가 아니라고 하면서도, 다양한 일로 나를 설명하면서 괜스레 우쭐해질 때도 있다.

일로 나를 대변하는 건 우리 모두가 일을 진심으로 사랑하기 때문일까? 그보다는 자신의 일을 사랑해야 한다고 믿게 돼서, 일 말고는 어떤 방식으로 자아를 실현하고 존중과 보람을 얻을 수 있는지 모색할 시간이 부족해서가 아닐까. 그래서 『노동의 상실』 속 이 문장이 정말 아프게 다가왔다. "(우리가 일을 비판할 때의) 이 두려움은 자아 상실에 대한 진정한 두려움이다."

일터를 떠나거나 일을 잃어도 그게 내가 사라진다는 뜻은 아니라는 걸 머리로는 안다. 반대로 사람들이 인정하는 좋은 일터나 일이 곧 나는 아니라는 사실도 안다. 하지만 일과 나를 떨어뜨려 생각하려면 부단한 연습이 필요하다. 일단, 일을 빼고 나를 소개해 보자. 일 말고는 무엇을 하며 주로 시간을 보내는지, 어떨 때 많이 웃는지, 요즘 무엇에 빠져 있는지. 혹은 어떨 때 무기력해지는지, 최근 겪은 가장 슬픈 일은 무엇이었는지, 잘 못하는 건 무엇인지 같은 약한 부분을 드러내 봐도 좋겠다. 나는 일보다 크고 복잡한 사람이니까.

찬실	PD요.
할머니	뭐? 그게 뭐 하는 건데.
찬실	돈도 관리하고 사람들도 모으고 뭐, 이것저것 다 하는 그런 사람인데요.
할머니	그러니까 그게 뭐 하는 사람이냐고.
찬실	예? 아, 저도 이제 잘 모르겠어요.
할머니	얼마나 이상한 일을 했으면 한 사람도 몰라. 됐어, 내가 다 알아들은 거로 칠게.

영화 『찬실이는 복도 많지』

(김초희 감독, 2020)

영화 『찬실이는 복도 많지』의 찬실이(강말금 분)는 영화 프로듀서다. 오랫동안 함께 작업했던 감독이 돌연 사망하면서 찬실이의 일도 사라진다. 사랑했던 영화로부터 버림받은 듯한 상황이 지속되면서, 찬실이는 그동안 해 왔던 일에 회의를 느낀다. 그러던 차, 세 들어 사는 집의 주인 할머니(윤여정 분)가 찬실이에게 그간 무슨 일을 했느냐고 묻는다.

나도 이런 상황을 안다. 내 일에 관해 설명하려 하면 할수록 어쩐지 말이 꼬이는 상황. "무슨 일 하세요?"라는 질문에 최선을 다해 답하려고는 하지만, 내가 하는 말을 상대방이 제대로 이해할까 싶어 괜히 움츠러드는 상황. 그러다 보면 그만 회의감에 휩싸이고 만다. 나는 대체 무슨 일을 하는 걸까? 내가 열심히 일해서 만들었다고 생각한 건 다 뭐였지?

그런데 언제부터인가 이런 생각이 들었다. 이 세상에 설명하지 않아도 충분한 일이 얼마나 있을까? 우리는 각자의 일을 서로 완전히 이해할 수 있을까? 내 고통은 매우 구체적이고 남의 고통은 단순하다는 말처럼, 내 일의 기쁨과 슬픔은 입체적으로 다가오지만 남의 일의 기쁨과 슬픔은 내게 잘 와닿지 않는다. 대중적으로 잘 알려진 직업이라 해도 그 일의 세부는 당사자가 아니라면 알지 못한다. 나의 일은 이 일을 하지 않는 타인에게 어떤 방식으로든 오해를 살 수밖에 없다.

그리고 또 하나. 시대는 계속 변화하고, 새롭고 낯선 일은 꾸준히 생겼다가 사라지고, 우리는 그 모든 일을 알 수 없다. 각자에게 보이는 좁은 반경 안에서 우리가 할 수 있는 건, 나만의 일을 내 나름대로 만들어 가는 것뿐이다. 하루에도 수십 번씩 '이게 맞나?' 고민하면서. 누군가 "무슨 일 하세요?"라고 물어 오면 어떻게든 내 일을 정확하게 표현하고자 애쓰면서.

간단히 말하자면 언젠가 필립 로스가 썼듯
"삶은 그리고다(Life is and)."라는 걸 우리는 안다.

캐스린 슐츠, 『상실과 발견』
(한유주 옮김, 반비, 2024)

커리어와 관련하여 많은 사람이 하는 걱정은 '이것도 하고 저것도 하는데, 이것과 저것이 도통 연결되지 않는 것 같다'는 점이다. 그건 내가 잡다하게 일하고 있다는 불안, 커리어를 일관성 있게 이어 나가지 못하고 있다는 의심이다.

그런데 잡다하게 일하고 있지 않은 사람이 과연 얼마나 될까? 게다가 직업 경로, 즉 '커리어 패스'라는 것이 온전히 내 의지만으로 기획되는 것일까? 매끄럽게 연결되는 일만 할 수도 있다는 생각, 커리어 패스는 개인의 몫이라는 생각은 환상에 불과할지도 모른다.

캐스린 슐츠는 『상실과 발견』에서 '그리고'라는 말이 만들어 낼 수 있는 확장성과 무한함에 관해 언급했는데, 이런 관점을 일에도 적용해 볼 수 있다. 나를 예로 들어 보자. 기자로 일했고, 방송국과 카페에서 아르바이트를 했고, 커뮤니티에서 콘텐츠 디렉터로 일했고, 글을 쓰고 책을 냈고, 다시 커뮤니티를 만든다. 그사이 몸담았던 회사에서 부당한 사건이 벌어지기도 했고, 다른 회사는 자금 사정이 어려워지기도 했고, 또 다른 회사는 문을 닫기도 했다. 내가 거쳐 온 일터와 일, 경험을 '그리고'로 연결해 보면 앞뒤로 어떤 인과 관계도 없는 경우가 많다. 여러 일을 관통하는 하나의 맥락이나 키워드는 사후적인 해석일 뿐, 실제로 내가 그렇게 일해 오지는 않았던 것이다. 그렇지만 인과 관계가 없는 일들을 이어 붙여 오면서 지금의 내가 만들어졌다. 내가 그 일들을 했다는 사실만은 변하지 않는다.

내가 그동안 해 온 일, 거쳐 온 커리어가 뒤죽박죽인 데다 별것 아니라고 느껴진다면, 그 모든 것을 '그리고'로 나열해 보자. 아무것도 쌓이지 않았다는 착각에서 벗어날 수 있을 것이다.

이 노트에 기록된 건 그 경력을 이루기 위해
요모조모 노력한 제 모습 같아요.

손기은, 『일하는 여자들』
(4인용 테이블 지음, 북바이퍼블리, 2018)

예전부터 사용했던 일 관련 수첩들을 버리지 않는다. 이제 쓰지 않는 자료라면 무엇이든 바로 버리는 게 오랜 습관인데, 어쩐 일인지 수첩만큼은 도저히 버릴 수가 없다. 수첩을 가끔 펼쳐 보면 재미있다. 휘갈겨 쓴 메모들, 덕지덕지 붙어 있는 인터뷰 질문지들, 지금은 이해할 수 없는 그림들… 전부 지나갔다고, 까먹었다고 여겼던 일들이 수첩 안에 한가득 남아 있다. 다른 사람에게 보여 줄 수 있는 제대로 된 기록도, 단정한 글씨의 메모도 아닌, 그저 일을 하는 과정에서 복잡한 머릿속을 정리하기 위한 끼적임에 가깝지만 여기에는 그간 어떻게 일했고 무엇을 고민했는지가 생생히 담겨 있다.

요즘도 수첩에 손으로 쓰는 걸 선호한다. 중요한 업무 관련 내용을 정리해야 할 때, 프로그램을 기획할 때, 뉴스레터의 개요를 짤 때, 심지어 프레젠테이션 자료를 만들 때도 삐뚤빼뚤 네모 칸을 그리며 페이지를 구성한다. 매일 해야 하는 일을 투두리스트로 써 놓기도 하고, 미팅 내용을 메모해 두기도 한다. 이 기록에는 규칙도 분류도 없다. 글씨도 날림으로 쓴다. 훗날 다시 읽어 본다 한들 알아볼 수 있을까 싶을 정도다. 내 머릿속에만 들어 있던 것들이 세상으로 나가서 번듯한 일의 꼴을 갖추고 다른 사람들과 만나기 전, 수첩 위에서 요리조리 자유롭게 구체화된다.

성과를 정량적으로 측정하기 어려운 일을 주로 하다 보니, 지나고 나면 했던 일들이 모두 날아가 버린 듯한 허전함을 느끼곤 했다. 흘러간 시간과 쌓아 온 경력이 다행히 몇 권의 노트로 남았다. 눈으로 볼 수 있고 손으로 만질 수 있는 내 일의 흔적. 이 정도 두께라면 굳이 누군가 내 일을 알아 주기를 기대하지 않아도 괜찮을 것 같다.

나와 대화를 하면서 떠오른 생각을
계속 적어 나가는 게 중요해.

김호, 『직장인에서 직업인으로』
(김영사, 2020)

매주 일요일 저녁 8시에는 노트북 앞에 앉는다. 한 주를 회고하기 위해서다. 회고란 사전적 의미로는 '뒤를 돌아다봄/지나간 일을 돌이켜 생각함'인데, 내가 하는 회고는 지나간 일을 돌아보는 행위에 그치지 않는다. 방점은 과거보다는 '미래'에 있다. 이미 벌어진 일, 경험한 일을 잘 기록하고 정리함으로써 더 나은 미래를 만들기 위한 선택과 결정에 내 나름의 데이터를 쌓아 가는 것이다.

내가 하는 회고는 '일'과 '생활'을 기본 축으로 삼는다. 일뿐 아니라 생활도 돌아보는 이유는 이것이 성과 평가를 위한 회고가 아니기 때문이다. 혼자 하는 회고는 내가 요즘 어떻게 살아가고 있으며 어디에 시간을 주로 쓰는지, 어떤 감정을 느끼는지 살펴보며 나와의 대화 시간을 만들기 위한 행위다. 먼저 일주일 동안 어떤 일을 했는지, 어떤 경험을 하고 어떤 사람들을 만났으며 어떻게 놀고 쉬었는지 최대한 꺼내어 쓴다. 그다음으로는 이번 한 주를 보내는 기분을 한 문장으로 요약해 보고, 내게 가장 중요하게 느껴지는 이번 주의 경험은 무엇인지, 그것이 왜 내게 중요한지 쓴다. 마지막으로 다가올 한 주의 계획과 각오를 쓰고 나면 회고는 끝난다.

회고를 습관화하고 싶다면 친구 또는 동료들과 작은 그룹을 만들어 보길 권한다. 서로의 회고에 댓글을 다는 과정에는 또 다른 재미가 있다. 하기 귀찮은 회고를 꾸준히 이어 나갈 동력도 된다. 나 역시 커뮤니티 멤버들과 주고받는 댓글 덕분에 회고를 계속해 나가고 있다. 시시콜콜한 나의 회고를 정성껏 읽어 주는 사람들의 존재, 회고에 주르륵 달리는 응원과 공감, 호기심의 댓글을 확인하고 나면 새로운 일주일을 잘 보낼 용기가 충전된다.

우리가 사는 세상은 불확실성으로 가득한 세상이기 때문이다. 탐색을 멈춰서는 안 된다.

애니 듀크, 『큇 QUIT』
(고현석 옮김, 세종, 2022)

언젠가 내가 소설을 쓴다면 어떻게든 써먹어야겠다고 생각한 제목이 하나 있다. '미래 운행 정보'. 카카오맵 앱에서 미래의 특정 시간을 입력하면 여기서부터 저기까지 어떤 경로로 갈 때 시간이 얼마나 걸리는지 계산해 주는 기능의 이름이다. 이 기능을 쓸 때마다 '미래 운행 정보'라는 단어가 근사하게 느껴졌다. 앞으로 무슨 일이 벌어질지 한 치 앞을 알 수 없는 세상에서, 예상 가능한 정보가 하나라도 있어서 다행이랄까….

오랜만에 만난 친구가 물었다. "언니는 점 안 봐?" 내가 되물었다. "점을 꼭 봐야 해?" "자기 사업 하는 사람들은 많이들 본다더라고." 나는 한 번도 점을 본 적이 없지만 그 마음을 이해할 수 있었다. 예상대로 되는 일은 거의 없고, 매 순간 어떤 결정을 내려야 하는데 혼자서는 불안하니 점을 통해 힌트라도 얻고픈 심정일 테다. 하지만 나는 점을 보는 대신 얇은 수첩을 하나 샀다. 내가 진짜로 원하는 게 뭔지, 어디로 가고 싶은지, 그리고 상황은 어떻게 돌아가고 있는지 조금 거리를 두고 정리하고 싶었다.

수첩의 제목은 '미래 운행 정보'. 소설을 쓰려고 진지하게 마음먹은 적도, 본격적으로 노력한 적도 없어서 소설은 시작도 못 했지만, 내 앞날에 대한 이야기는 내가 쓸 수 있으니 '미래 운행 정보'라는 제목은 이 수첩에야말로 꼭 어울리는 것이었다. 마음속에 여러 가지 질문을 띄워 두고 내가 원하는 것과 내 일, 내가 일하고 싶은 환경에 관해 고민을 시작했다. 그리고 첫 페이지에 이런 문장을 써 뒀다.

"미래를 위한 선택을 해야 하는 순간마다 펼쳐서 나의 욕구와 방향성을 스스로 살펴보기 위한 노트입니다. 새로운 시작도, 하던 걸 그만두는 것도, 지속하는 것도 너무 겁내지 않기로!"

일반적인 생애 경로는 점점 더 불확실하고
예측 불가능하며 리스크 가득한 것이 되었다.
그래서 이들은 계속 '유연한' 상태를 유지한 채로
노동 시장의 끊임없는 변동에 맞춰
삶의 궤도를 변화시켜야 한다.

제니퍼 M. 실바, 『커밍 업 쇼트』
(문현아·박준규 옮김, 리시올, 2020)

취업을 준비하는 청년들에게 '개인 포트폴리오' 만드는 방법을 알려 주러 다녀왔다. 지금까지 내가 해 온 일이나 활동, 경험을 잘 정리하는 작업이 필요할 수는 있지만 모두가 '셀프 브랜딩'을 해야 하는 건 아니라고 얘기했다. 참여자들은 고개를 끄덕이면서도 '지금까지 해 온 일들이 너무 잡다해서 어떻게 이걸 하나의 맥락으로 꿰어 낼 수 있을지 잘 모르겠다'고 털어놨다.

일관성 없는 커리어 패스는 많은 청년이 공통으로 안고 있는 고민이다. 청년들에게 일이란 점점 단기 체험 형태로 바뀌어 가고 있다. 직무 교육을 받은 후 인턴십으로 이어지는 '뉴딜 일자리', 기업에서 단기로 근무하는 '미래내일 일경험 사업'… 역량과 경력을 지속적으로 쌓기 어려운 프로그램만이 청년들을 기다린다. 신입을 뽑아 교육할 여력은 없고 경력직만을 원하는 기업과 청년 고용률을 높여야 하는 정부의 욕구가 만나는 지점에서 탄생한 사업들이다. 청년들은 일단 일터에 발을 담가 보기라도 하고픈 심정으로 여기에 뛰어들고, 그들에게 커리어는 자기 주도적으로 기획할 수 있는 것이 아니다. 어쩌다 만들어져 버린 들쑥날쑥한 커리어 패스 속에서 최대한 스스로 의미를 발견하는 것만이 그들이 할 수 있는 최선인 셈이다. 그런 이들에게 자신을 잘 '브랜딩'해 보라고, 기업이 원하는 인재처럼 '유연하게' 대응하라고 이야기하는 건 아무래도 부조리하다.

『커밍 업 쇼트』에서 제니퍼 M.실바는 '유연한'의 사전적 의미가 "피해나 손상을 입지 않고 반복적으로 구부릴 수 있는"이라고 설명한다. 청년들은 시장이 원하는 방향으로 끊임없이 자신을 구부리고 변형시키고 있으며, 이 유연함에는 분명 피해와 손상이 따른다.

고립은 일이 없는 공백의 시간에 발생했다.

안예슬, 『이렇게 누워만 있어도 괜찮을까』
(이매진, 2023)

한국보건사회연구원에 따르면 2022년 기준 19~34세 청년 중 약 54만 명이 고립되어 있는 것으로 추산된다. 고립은 타인과 사회적 교류가 거의 없고, 그래서 필요할 때 도움을 요청할 사람도 없는 상황을 의미한다. 청년들의 고립은 대개 '일을 안 하는/못 하는 상태'와 연결하여 설명된다. 취업이 어렵고 일자리가 불안정한 시대라 분절된 일 경험을 할 수밖에 없는 청년들이 고립 상태에 쉽게 놓인다는 것이다.

고립 청년 문제를 심각한 사회적 손실로 여기는 국가는 청년들을 위한 인턴십 제도를 만드는 식의 대책을 내놓는다. 일이 개인들에게 친밀한 관계를 만들어 주고 효능감을 주기도 한다는 의견에 반대하는 건 아니지만, 과연 취업 지원이 가장 적합한 해결책인지 의문이 들 때가 많다. 애초에 일을 하지 않으면 왜 고립될 수밖에 없을까? 그건 일터 바깥의 공동체가 부재한다는 뜻 아닐까? 일로 자신을 증명하지 않으면 스스로 존재 가치를 인식하기 어렵다는 의미는 아닐까?

다른 한편으로, 취업하면 고립 문제가 해결될 거라는 발상은 일하는 사람들이 경험하는 다양한 방식의 또 다른 고립들을 지워 버리는 결과를 낳기도 한다. 고립은 일터 안에서도 발생한다. 여성이라서 혹은 성소수자라서 차별받는 것. 직장 내 괴롭힘에 시달리는 것. 동료들과 성과로 경쟁하느라 진실한 관계를 맺지 못하는 것. 이 모든 게 일터에서 사람들을 고립시키는 이유다. 일터 안팎에서 벌어지는 고립을 모두 들여다볼 때라야 정말 바뀌어야 하는 부분이 어디인지 제대로 파악할 수 있을 것이다.

번아웃을 중단한다는 것은 우리가 우리 자신이기를
그만두는 것이 될 것이다.

조나단 말레식, 『번아웃의 종말』
(송섬별 옮김, 메디치미디어, 2023)

하루 종일 일하고 집으로 돌아가는 길이었다. 집에 가면 또 산더미 같은 원고 마감이 기다리고 있었다. 퇴근하는 게 전혀 즐겁지 않은 시절이었다. 길을 걷다가 웃으며 저녁 식사를 하는 사람들을 보면 화가 치밀어 오를 정도였다. 건널목 앞에 멍하니 서 있다가 문득 이런 상상을 했다. '여기서 내가 교통사고를 당한다면, 일을 좀 쉴 수 있지 않을까?' 이때 느낀 섬뜩함은 그로부터 오랜 시간이 흐른 지금까지도 선명하게 남아 있다.

가끔 친구들에게 이 경험을 이야기하면 놀랍게도 열에 여덟은 비슷한 상상을 해 봤다고 말한다. 다들 그게 아니면 일을 어떻게 멈출 수 있는지 몰랐다고 한다. 그때의 우리는 그런 상태에 이름을 붙이지 못했지만, 이제는 그것이 '번아웃'이라는 걸 안다. 「2022년 청년 삶 실태조사」에 따르면, 만 19~34세 청년 중 최근 1년간 번아웃을 겪었다는 사람이 33.9퍼센트에 달한다. 『번아웃의 종말』에서는 '번아웃'을 이렇게 설명한다. 일에 대한 이상과 실제로 일하며 맞닥뜨리는 현실의 차이로 인해 발생하는 것. 완전히 기능하지 못하는 상태라기보다는 소진된 상태임에도 불구하고 생산성이 유지되는 것.

번아웃이 진짜 무서운 건, 일하느라 자신을 태워 없애면서도 일만이 나의 쓸모를 증명하는 방법이라고 믿기 때문이다. 예전의 내가 일을 스스로 멈추지 못하고 무언가가 강제로 나를 멈춰 주길 간절히 바랐던 이유 또한 '일하지 않는 나'라는 정체성을 받아들일 수 없었기 때문이다. 일에 투신해 지쳐 쓰러져 가는 내가 정말 '쓸모 있는' 인간 같아 자랑스럽기까지 했다. 번아웃을 겪는다는 건 성실하고 유능한 노동자라는 증표와도 같았다. 절대 그렇지 않다는 메시지가 우리에게는 훨씬 더 많이 필요하다. 우리는 이미 너무 많이 자신을 불태워 왔다.

우리는 늘 바쁘다는 말을 입에 달고 산다.

이인숙, 『우리는 왜 피로한가』
(김정희 외 8인 지음, 르몽드코리아, 2024)

"요즘 일은 어때? 아직도 바쁘니?" 엄마와의 통화는 늘 이 질문으로 이어진다. 구체적으로 대꾸할 기운이 없을 때는 "늘 그렇지, 뭐"라고 대강 답하고, 컨디션이 괜찮을 때는 비교적 상세하게 설명한다. 엄마가 내게 '바쁨'에 대한 질문을 자주 하는 데에는 이유가 있다. 밤샘 마감에 시달리던 시절, 원고를 쓰느라 신경이 날카로워진 탓에 엄마가 전화할 때마다 버럭 화를 냈던 것이다. "아, 바쁘다고 몇 번을 말해!" 하루는 그런 나를 돌봐 주러 엄마가 부산에서 서울로 왔는데, 정작 나는 노트북에서 눈도 떼지 않고 일 좀 하게 내버려 두라고 짜증을 부렸다. 그저 일에만 집중할 수 있도록 날 내버려 뒀으면 했다. 바쁜 게 정말 벼슬이라도 되는 양 굴었다.

바빠서 늘 피곤한 얼굴에 하품을 달고 지내고, 가족도 친구들도 팽개치다시피 하고도 그런 상황이 문제인 줄 몰랐다. 바쁨의 정도가 능력의 척도라는 생각 때문이었다. 회의 시간에는 체력에 무리가 될 것 같아도 "제가 할게요"를 외쳤다. 그러고는 그 일을 하는 내내 후회하기를 반복했다.

요즘의 나는 예전처럼 그렇게 바쁘게 일하지 않는다. 프리랜서나 자영업자일수록 바쁘지 않더라도 바쁜 척을 해야 하고, 진짜 바쁘다면 바쁘다는 사실을 마음껏 드러내야 하는 법이라지만 그러지 않기를 선택했다. 어쩌다 바쁜 시기를 지나고 있다 해도 주변 사람들에게 바쁘다고 말하지도, SNS에 바쁘다는 티를 내지도 않으려고 한다. 바쁘다는 건 지금 내가 무리하게 일하고 있다는 증거 이상도 이하도 아니다. 그리고 그건 당연히, 내가 뛰어난 노동자라는 의미가 아니다. 뛰어난 노동자가 될 필요도 없고 말이다.

내가 중독된 건 '성취, 보람'이 아닌,
일이 주는 '자극적임'이었구나.

아이유, 예능 프로그램 『유 퀴즈 온 더 블록』 100회
(tvN)

내게 중요한 화두 하나는 '나는 왜 이렇게 여러 가지 일을 하고 있는가'이다. 한 가지 일로는 수입이나 미래가 불안하니까, 내 관심사나 방향성을 한 가지 일에 모두 담을 수 없으니까… 모두 맞는 말이지만 어쩐지 그런 이유만은 아닌 것 같아서, 누군가 왜 그렇게 여러 가지 일을 많이 하느냐고 물어 오면 그때마다 떠오르는 대답을 적당히 내놓곤 했다.

어느 날 우연히 가수 아이유의 인터뷰를 보게 됐다. 그는 '일의 자극적임'에 빠져 있는 동안 자신도, 주변도, 집조차도 잘 보살피지 못했고 모든 것에 너무 서툴렀다는 사실을 깨달았다고 했다. 그가 언급한 '일의 자극적임'이 무엇인지 어렴풋이 알 것 같았다. 일하는 동안 우리는 새로운 상황, 새로운 과제와 맞닥뜨린다. 경력이 어느 정도 쌓이면 일을 처음부터 끝까지 내가 주도적으로 끌고 간다는 쾌감에 빠질 때도 있다. 일은 우리에게 즉각적인 기쁨과 슬픔, 배움과 좌절을 안겨 준다. 평평한 일상에 리듬을 만들어 주기도 한다.

내가 여러 가지 일을 굴리고 있는 이유도 비슷할 것이다. 이 일 저 일을 하며 다양한 이름표를 달고 있는 나는 꽤 유능하고 괜찮은 사람처럼 느껴진다. 새로운 일을 계속해서 벌이고 이어 가는 한, 나의 일상에도 날마다 새로운 이벤트가 벌어지고 그 안에서 새로운 사람들을 만나게 된다.

이렇게 보면 일에 지나치게 몰입하거나 일을 끊임없이 벌이는 것 역시 일종의 도파민 중독이다. 무엇에도 중독되지 않고 평생을 살았다고 생각했는데, 정작 일이 주는 자극에 중독돼 있었다니. 중독에서 벗어나는 것은 사실을 인정하는 데에서부터 시작된다고 한다. 이제야 비로소 벗어날 준비가 된 것 같다.

내가 글을 쓰지 않아도 세상은 잘 돌아가고 있다는 걸 확인합니다.

김멜라, 『2023 젊은작가상 코멘터리북』
(이미상 외 7명 지음, 문학동네, 2023)

내가 일하지 않아도 세상은 잘 돌아간다는 걸 알고 있고 그게 가끔은 위로가 된다. 하지만 한편으로는 그렇기 때문에 불안하다. 다른 사람들이 바쁘게 움직이고 성장하고 변화하는 동안 나만 그대로면 어쩌나, 이러다 영영 할 일이 없어지면 어쩌나 싶어서다.

초조하고 불안한 마음으로 연초를 보냈다. 들어올 돈이 거의 없는 달은 2021년 자영업을 시작한 이후로 처음이었다. 연말에 마무리한 일의 작업비가 연초에 들어온다거나 하는 식으로라도 어떻게든 지금까지 버틴 것 같은데, 이번에는 달랐다. 일이 없으니 바쁘지 않은 시기에만 할 수 있는 업무(회사 소개서를 만든다거나 홈페이지를 다듬는다거나)를 틈틈이 해 둬야겠다고 다짐했으나 성과나 돈이 바로 나오는 일은 아니다 보니 실행에 잘 옮겨지지 않았다.

일을 많이, 열심히 하는 게 중요하지 않다고 말하면서도 막상 내가 그런 상황에 놓이니 불안해졌다. 할 일이 있는데 열심히 안 하는 것/굳이 많은 일을 만들지 않는 것과 정말로 일이 없어서 열심히/많이 할 수도 없는 건 달랐다. 바쁘지 않으니 내 손으로 삼시세끼를 해 먹고 책을 읽고 공부를 하고 친구들을 마음껏 만나고 잠을 충분히 자면서도, 그러니까 일상은 더할 나위 없이 편안하게 보내면서도 마음이 불편했다.

생산성 있는 사람이 되어야 한다는 강박에서 벗어나기가 쉽지 않다. 돈을 벌지 않으면 쓸모없는 사람이 된 것 같고, 금세 빈곤해질 것 같아 기분이 가라앉는다. 당장 나 하나를 먹여 살리기도 힘든 판국에, 일하지 않아도 누구나 살아갈 수 있어야 한다거나 일하지 않는 삶을 상상해 보자고 말해도 될까? 내게 그럴 자격이 있을까? 이게 내가 처한 가장 큰 모순이다.

우리나라는 경제협력개발기구(OECD) 국가 중
근로시간이 긴 국가로 잘 알려졌다. 2022년 기준
국내 근로자 근무시간은 1904시간으로
회원국 평균 1719시간보다 155시간이 많다.

「주 4일 근무 법제화?…"노동시간 단축부터"」
『아시아투데이』2024년 5월 1일 자

『우리는 왜 이렇게 오래, 열심히 일하는가?』에서 케이시 윅스는 '모두의 노동시간 단축'을 주장한다. 노동을 덜 하거나 아예 하지 않는다면 우리에게는 새로운 관계를 탐색하고 만들 시간도, 원하는 삶을 고민하고 추구할 시간도 생겨날 거라고. 하지만 탈노동 사회를 상상하기란 쉽지 않다. 우리는 아주 오랫동안 노동윤리에 익숙해져 왔으니까.

『돌봄 민주주의』에서 조안 C.트론토는 노동윤리를 "사람이 실질적으로 필요한 것이 있다면 그 필요를 충족시키기 위해 노동을 해야 한다는 전제"를 깔고 있는 것이라고 설명한다. 한마디로 '일한 사람만 먹을 자격이 있다'는 뜻이다. 노동윤리는 일하지 않는 사람을 게으르고 부도덕한 사람으로 치부하고, 다양한 이유로 일하지 못하는 사람들을 배제하며, 모든 이를 서로 의존할 필요 없는 개인으로 만든다. 그러나 누구에게나 일할 수 없거나 일하고 싶지 않은 시기가 닥쳐온다. 사람은 타인에게 기대지 않고 살아갈 수 없다.

나는 일하지 않는 사람들이야말로 일 중심의 삶이 당연하다는 기존의 관점에 대한 전복의 가능성을 품고 있다고 생각한다. 그들은 날씨를 즐기려 바깥을 걷고, 보고 싶은 사람들을 만나러 가고, 사색하는 시간을 보내고, 기상 알람을 맞추지 않은 채 잠을 자고, 새로운 경험과 관계 속에 자신을 둬 보고, 중요한 사회 문제에 관심을 기울이며 행동한다.

우리는 왜 이렇게 오래, 열심히 일할까? 우리는 왜 일하지 않는 상태를 임시적인 것으로 여기거나, 돈을 벌 만큼 번 '파이어족'만 달성 가능한 것으로 생각하거나, 일터로 복귀하기 위한 충전의 시간으로만 여겨 왔을까? 모든 사람이 '모두의 더 적게 일하는 삶'을 함께 지향한다면 세상은 완전히 달라질 것이다.

관중이 없을 때 우리가 더 이상 하지 않아도
되는 일은 너무나 많다.

데니스 뇌르마르크·아네르스 포그 옌센, 『가짜 노동』
(이수영 옮김, 자음과모음, 2022)

신입 시절 사소하지만 인상적인 경험을 했다. 입사한 지 얼마 안 된 상황이라 주어진 일은 거의 없고, 그 일은 이미 다 끝냈고, 그렇다고 새롭게 일을 만들어서 하자니 뭘 잘 모르는 상태인데 공교롭게도 퇴근 시간이 다가오고 있었다. 조심스레 주위를 둘러보니 선배들은 그 누구도 퇴근할 기미를 보이지 않았다. 6시를 향해 가는 시계를 초조하게 바라보며 딴짓을 하기 시작했다. 더 이상 찾을 자료도 없는데 포털사이트에 들락날락하거나, 괜히 메일함을 열거나, 새 문서를 열어 아무 말이나 끼적였다. 옆자리에 앉은 선배가 고맙게도 먼저 말을 걸어 주었다. "할 일 다했으면 퇴근해도 돼. 일하는 퍼포먼스는 필요 없어. 앞으로도 마찬가지고." 퍼포먼스. 정확한 표현이었다. 그 뒤로는 할 일을 마치면 가벼운 마음으로 퇴근할 수 있었다.

보는 사람이 존재하기 때문에 하게 되는 노동이 바로 '가짜 노동'이다. '할 일을 다 마친 사람은 자유롭게 시간을 보내도 된다'는 합의가 이루어져 있고 '타인이 일을 얼마나 하는지는 신경 쓸 필요가 없다'는 분위기가 자리 잡은 조직이 아닌 이상, 가짜 노동은 수시로 이루어질 수밖에 없다. PC 메신저 창을 투명하게 만드는 기능, 보고 있던 사이트 창을 빠르게 바꾸는 프로그램이 있다는 건 많은 사람이 때때로 일하는 퍼포먼스를 하고 있다는 뜻일 테다. 그리고 때로는, 내가 나의 관중이 되기도 한다. 이 일 저 일을 끊임없이 수행하면서 나는 바쁜 사람임을 나 자신에게 증명하려 애쓴다.

조직 바깥에서 혼자 일하는 장점 가운데 하나는 가짜 노동을 하는 시간이 줄었다는 것이다. 오늘 하기로 한 일을 전부 끝내면 미련 없이 책상 앞을 떠난다. 퍼포먼스하지 않아도 될 자유를 내게 준다.

"'사무실의 가사일'office housework이라는
용어를 붙인 게 있습니다.
중요하지만 저평가된 일들이죠."

조앤 윌리엄스, 「"한국 저출생 해법은?"…"육아휴직 임금
100퍼센트 주고 노동시간 더 줄여야"」
『경향신문』 2019년 7월 9일 자

회사에서 평가하는 업무는 아니지만, 함께 일하는 공간과 시간을 더 원활하게 운영하려면 꼭 해야 하는 일들이 있다. 문제는 그런 일들이 모두의 눈에 공평하게 띄지 않고, 모두에게 공평하게 배분되지도 않으며, 노동으로 잘 인식되지도 않는다는 점이다. 대개 보상도 주어지지 않는다. 이 일을 함으로써 조직 안에서 정당한 평가를 받거나 승진한 사람은 (아마) 아무도 없을 것이다. 이 일이 바로 '사무실 가사일'이다.

회사에서 하는 일 가운데 프로젝트 또는 소위 말하는 '핵심 업무'와 동떨어진 일들을 떠올려 보자. 냉동실 얼음 채우기, 우편물 챙기기, 다 같이 먹을 식사 주문하기, 사무실에 있는 화분들 물 주기… 이 모든 것이 사무실 가사일이다. 『하버드 비즈니스 리뷰』의 한 기사에 따르면, 회의에 참석할 사람들을 모으고, 낱장으로 만들어진 슬라이드 덱을 병합하고, 팀이 쓰는 신용카드를 관리하고, 정기적인 시스템을 유지·관리하는 일 등도 사무실 가사일에 포함된다. 미국에서는 이런 일을 주로 남성보다 여성이, 백인보다는 유색인 노동자가 떠맡고 있다는 연구 결과도 있다.

빨래, 청소, 설거지, 요리와 같은 집에서의 재생산 노동이 있어야만 집 바깥에서의 임금 노동이 가능하듯, 사무실 가사일 역시 회사를, 중요한 프로젝트를 돌아가게 만든다. 그렇다면 성과를 평가할 때는 사무실 가사일이 조직 구성원들에게 어떻게 배분되어 있는지, 주로 누가 그 일을 하고 있는지도 함께 살펴봐야 하지 않을까? '성과'의 정의도 달라져야 할 테고 말이다.

일단 누군가의 아이디어를 듣고
거기에 의견을 보태는 과정을 겪은 동료들은
일종의 소속감을 느끼게 된다.

강지연·이지현, 『일꾼의 말』
(시공사, 2020)

기자로 일하던 시절, 기획회의 시간마다 신경이 곤두섰다. 내가 발제한 아이디어를, 내가 맡아서 좋은 기사로 구현해 내겠다는 욕심 때문이었다. 그런데 때로는, 내가 열심히 설명할 땐 심드렁한 피드백을 받은 아이디어가 다른 사람의 입을 거치면 통과가 되기도 했다. 그럴 때면 나는 전달하고 설득하는 방법에 따라 같은 아이디어라도 다르게 다가갈 수 있다는 사실을 인정하지 못했다. 심지어 남들이 의견을 보태 준 덕에 내 아이디어가 더 나아져도 처음부터 끝까지 내가 잘해서 그렇게 된 거라 믿었다. 돌이켜 보니 여러모로 못나게 굴던 시기였다.

몇 년이 흐른 뒤, 커뮤니케이션 방식에 대한 노하우를 나누는 자리에서 '아이디어를 설득하는 데에도 전략이 필요하다'는 이야기를 들었다. 누군가는 일부러 상사에게 더 많이, 자주 업무 상황을 공유하고 의견을 받는다고 했다. 실무자에게는 그 업무가 전부지만, 관리자는 그것 말고도 많은 업무를 관장한다. 그 많은 업무 중 내 업무에 관리자를 조금 더 개입시켜 향후 좋은 평가를 받으려면 그런 노력은 필수인 셈이다. 회의 시간뿐 아니라 평소에도 내 아이디어를 가볍게 공유하고 여러 의견을 받아 발전시키는 것도 중요하다. 이런 식으로 내 아이디어의 맥락을 알고 있는 동료와 상사는 회의에서 든든한 내 편이 되어 줄 가능성이 높다. 저마다 머릿속에 있는 생각이 다르기 때문에 남을 설득하기 어려운 거라면, 내 머릿속에 있는 생각을 타인과 어느 정도 미리 동기화해 놓는 과정이 필요한 것이다.

자주 대화하고, 서로의 아이디어를 경청하고, 거기에 의견을 보태고, 이 아이디어를 함께 더 낫게 만들었음을 인정하기. '전략'이라고 표현했지만 어떤 면에서는 같이 일하는 사람들 간의 '돌봄'이라고 할 수도 있을 것 같다.

'Written by, Photographed by,
Illustrated by' 같은 형식으로 누가 무슨 일을 했는지
밝히는 난을 바이라인by line이라 부른다.
나는 이 바이라인을 사랑한다. 공평하기 때문이다.

최혜진, 『에디토리얼 씽킹』
(터틀넥프레스, 2023)

기자를 그만두고 전혀 다른 일을 하는 회사에 입사했을 때, 나는 크게 당황했다. 내가 한 일에 내 이름, 즉 바이라인이 전혀 붙지 않는다는 사실 때문이었다. 몇 날 며칠 머리를 싸매고 프로그램을 기획해도, 반응이 좋은 강연자를 섭외해도, 그건 회사의 성과였지 나라는 개인이 해낸 일로는 남지 않았다. 기자로 일할 때는 바이라인이 달리는 게 당연했다. 몇 번의 수정으로 누덕누덕해진 취재 기사든, 어렵게 섭외를 성사시킨 인터뷰 기사든, 재미에 중점을 두고 쓴 기획 기사든 바이라인은 공평하게 달렸다. 그 사실은 내게 커다란 책임감을 주기도 했다. 신입 기자 시절, 엉망인 내 기사를 선배가 밤새 뜯어고쳐 겨우 읽을 만한 기사로 바꿔 놨을 때, 그럼에도 불구하고 바이라인에는 내 이름이 붙었을 때는 너무 부끄러워서 엉엉 울었다. 바이라인은 좋은 의미로든 나쁜 의미로든, 일에 따라붙는 책임의 무게가 얼마나 묵직한지 느끼게 해 주었다.

열심히 일해도 바깥으로 티가 잘 안 나는 시스템을 받아들이기까지 꽤 오랜 시간이 걸렸다. 종종 '내 것으로 남지도 않는 일을 해서 뭐 하나' 싶은 무기력에 빠지기도 했다. 그때는 몰랐기 때문이다. 대부분의 일은 한 사람의 번뜩이는 아이디어가 아니라 함께 일하는 사람들의 아이디어가 누적되어 완성된다. 어떤 일을 두고 대화하고 고민하고 피드백을 나누는 과정에서 혼자서는 결코 떠올리지 못했을 방법이 마법처럼 나타나기도 한다. 처음부터 끝까지 나 홀로 해낼 수 있는 일은 세상에 거의 없다고 봐도 좋다. 온전히 혼자 하는 일이라고 여겨지는 글쓰기조차 그간 듣고 읽은 다른 이들의 말과 글이 없다면 할 수 없을 테니 말이다.

사실 회사에서 울어 본 적이 있다.

장류진, 「일의 기쁨과 슬픔」, 『일의 기쁨과 슬픔』
(창비, 2019)

회사에서 울어 본 적이 몇 번 있다. 한 번은 신입 기자 시절, 기사를 엉망으로 써낸 뒤였다. 그 기사가 망한 이유는 여러 가지였다. 내가 맡을 깜냥도 되지 않는 아이템을 순전히 욕심만으로 써 보겠다고 덥석 맡았고, 뭘 모르는지도 모르는 상태로 기사를 쓰기 시작했으며, 기사를 쓰는 동안 점점 더 '이건 진짜 아닌데'라는 판단이 들면서도 회사에 빠르게 공유하지 않았다. 밤을 새워 이래저래 기사를 완성했지만, 그건 독자들이 절대 봐서는 안 될 수준이었다. 나처럼 밤을 새워 자신의 기사를 쓴 선배가 처음부터 끝까지 내 기사를 수정해 준 뒤에야 그 기사는 내 이름을 달고 겨우 세상에 나갈 수 있었다. 글을 제대로, 잘 쓰려면 어떤 태도와 마음가짐이 필요한지 조곤조곤 알려 주는 선배 앞에서 나는 대책 없이 울었다. 스스로에게 화가 나고 수치스러웠다.

또 한 번은 커뮤니티를 만드는 회사에 다닐 때다. 동료와 대립하다 못해 감정싸움으로 번지기 직전에 회의를 끊고 나온 날이었다. 밥을 먹으며 그 동료와 문자를 주고받는데 자꾸만 눈물이 났다. 내용은 정확히 떠오르지 않지만, 그동안 각자 쌓아 온 일 경험이 다르다는 사실을 자꾸 잊는 바람에 이런 갈등이 벌어진 것 같다는 얘기였지 싶다. '내가 이 연차에도 일하다 울다니…'라는 생각이 들어 혼자 울다 웃었다.

경력이 길어지고 경험이 쌓이면 일하다가 우는 일도 사라질 줄 알았는데, 결코 아니었다. 내가 부족해 보여서, 동료와의 갈등 때문에, 일이 힘에 부쳐서, 분해서, 외로워서… 울 일은 얼마든지 있었다. 그러니 일 때문에 또 울게 되더라도 당황하지 않기로 다짐한다. 실은 그날 이후로도 이미 몇 차례 더 울었다는 건 비밀 아닌 비밀이다.

사회생활이라는 게 늘 합당한 근거나
논리적인 이해관계에 의거해 이루어지는 것만은
아니며 능력이나 역량의 객관적 판단 같은 건
허상에 불과하다는 것쯤은 아는 나이가 되었다.

장류진, 「펀펀페스티벌」, 『연수』
(창비, 2023)

일하면서 가장 많이 좌절하고 분노했던 시기는 기자 시절이다. 대중문화를 주로 다루는 매체 특성상 인터뷰이로 연예인을 섭외해야 하는 경우가 많았는데, 일간지도 패션지도 아닌 매체의 기자로서는 매번 어려운 미션이었다. 연예인뿐 아니라 매니저 역시 눈코 뜰 새 없이 바쁜 사람들이고, 그들은 이 인터뷰가 담당 연예인에게 어떤 도움이 될지 파악하기 전에는 움직이지 않는다. 조금만 생각해 보면 당연한 일이다. 시간은 시간대로 쓰고, 금전적 보상도 없고, 말을 잘못했다가는 오히려 구설에 오를 수도 있다. 나를 정말 미치게 하는 건 "연락드릴게요"라는 말이었다. 그 말이 인터뷰를 직접적으로 거절하기 어려울 때 사용하는, 일종의 쿠션어라는 사실을 뒤늦게 알았다.

한번은 갑자기 인기가 높아진 어느 연예인을 섭외해야 했다. 그의 매니저는 역시나 "나중에 연락드릴게요"라는 말만 되풀이했다. 발을 동동 구르다 다른 방법을 써 보기로 했다. 매니저에게 커피 기프티콘과 함께 문자를 보냈다. '매니저님, 많이 바쁘시죠? 시원한 커피 사 드세요. 인터뷰 일정 잡아 주시느라 고생 많으십니다.'

꼭 그것 때문만은 아니었겠지만, 놀랍게도 그 뒤로 섭외가 순조롭게 진행되었다. 빠듯한 스케줄 사이에서 어떻게든 인터뷰를 성사해 준 상대방에 대한 고마움과 함께 '일이 이렇게도 진행될 수 있구나…'라는 허무함 같은 것도 밀려왔다. 일이라는 게 언제나 논리적으로 돌아가진 않는다는 사실을 깨달은 최초의 순간이었다.

사무실 막내였던 나에게 선택권은 없었다.

김신회, 「구내식당 덕후」,
『혼자 점심 먹는 사람을 위한 산문』
(강지희 외 9인 지음, 한겨레출판, 2022)

처음 정직원으로 일을 시작하고 나 자신에 관해 새로 알게 된 사실은 '눈치가 없어도 너무 없다'는 것이었다. 눈치가 없다 보니 막내이면서도 상사에게 잘 보이려 하거나 상사 말을 고분고분 듣는 경우도 별로 없었다. 한번은 같은 사무실에서 가장 직급이 높은 이가 내게 '같이 저녁으로 라면 먹으러 갈 생각 있냐'고 물었다. 나는 그날 정말로 라면을 먹고 싶지 않았고, 그와 같이 먹으면서 불편함을 감수할 의향은 더더욱 없었기에 딱 잘라서 '아니요'라고 답하고 퇴근했다. 그가 당황했을 수도 있겠다는 생각은 추호도 하지 않았다.

그런데도 불구하고 '막내라서' 당할 수밖에 없었던 일이 있다. 높은 자리에 있던 그가 회식 후 노래방에 가자기에 나를 포함한 막내급 몇 명만 그를 따라갔다. 그는 우리에게 90점이 넘을 때마다 만 원씩 주겠다고 제안했고, 우리는 저마다 최선을 다해 노래를 불렀다. 그러다 내가 100점을 받자 그는 '귀엽다'는 말과 함께 내 볼을 세게 꼬집었다. 너무 당황한 나머지 그 자리에서는 그저 웃을 수밖에 없었지만, 집으로 돌아오는 내내 기분이 이상했다. 기분 나빠 할 일이 아닌데 내가 예민한 건가? 그냥 귀여워하는 행동에 내가 과민 반응을 하는 건가? 그건 내가 예민한 게 아니라 사무실에서 가장 어리고 경력이 짧다는 이유로 당한 '모욕'이었다는 걸 아주 나중에 알았다.

지금도 수많은 일터에서 막내들은 다양한 모욕을 감내하고 있을 것이다. 막내니까, 일터에서 소란을 일으켜서는 안 되니까, 어렵게 얻어 낸 일터니까 당연히 참아야 한다고 믿으면서. 이 글을 읽는 당신이 막내가 아니라면, 일터의 막내들이 점심 메뉴 선택권뿐 아니라 어떤 권리를 조용히 빼앗기고 있는지 잘 살펴봐 주시길.

마치 돈 같은 건 중요하지 않다는 표정으로
매 순간 살았지만, 사실 돈이 중요했다.

김민철, 『내 일로 건너가는 법』
(위즈덤하우스, 2022)

매월 25일마다 하는 루틴이 있다. 개인사업자 통장에서 월급을 이체하는 것이다. 1인 자영업자이기 때문에 월급을 받는 사람은 바로 나다. 통장 사정에 따라 월급은 몇십만 원일 때도, 몇백만 원일 때도 있다. 금액이 얼마든 간에 월급을 이체하는 루틴은 대단히 중요하다. '받는 사람 메시지'에 '○월 급여'라고 써 넣고 사업자 통장에서 개인 통장으로 월급을 보낸다. 내가 나에게 돈을, 그것도 매달 일정치 않은 돈을 주는 이상한 월급날이지만 그래도 그날이 되면 괜스레 신이 난다. 다른 직장인들처럼 소중히 받은 돈으로 맛있는 음식을 사 먹기도 하고, 갖고 싶었던 물건을 사기도 한다.

꼭 돈 때문에 일을 하는 건 아니지만 돈이 중요하지 않을 수는 없다. 일을 하면 돈이 들어온다는 사실 때문에, 그 돈으로 내 생활을 꾸려 나갈 수 있다는 기대 때문에 일의 버거움과 슬픔 따위를 견디기도 한다. 그런데 일을 맡으면서 돈 얘기부터 꺼내면 돈만 밝히는 사람으로 여겨질까 걱정스러운 마음도 있다. 그럴 때 쭈뼛거리다 제대로 돈을 받지 못한 경험을 몇 번 하고 나서부터, 나는 돈 얘기를 잘하는 사람이 됐다. "주신 메일 잘 받았습니다. 그런데 비용은 얼마로 책정하고 계신지 궁금합니다." "혹시 원고료를 조금 더 올려 주실 수 있을까요? 그게 어렵다면 글의 분량을 줄이는 방향으로 조정하고 싶습니다."

돈 얘기를 꺼낼 때면 아직도 떨리지만, 말하지 않는 것보다는 일단 해 보는 게 낫다고 생각한다. 내 제안이 받아들여진다면 더할 나위 없이 좋고, 반대로 돈 얘기 때문에 나와 일하기 어렵겠다는 파트너라면 그 일은 안 하는 게 낫다. 돈이 최고는 아니지만 모두에게 중요하다는 사실을 이해하는 사람들과 일하고 싶다.

불로소득은 청년세대의 새로운 꿈이 되었다.

김수현, 「개미투자자가 하는 일」, 『한편 5호: 일』
(민음사 편집부 엮음, 민음사, 2021)

일 이야기를 열심히 하다 보면 좀 머쓱해진다. 일하지 않고도 돈 버는 방법이 도처에 널린 시대에, 일이 뭐라고 이렇게 떠들고 있을까. 진짜 돈을 많이 번 사람들은 이미 노동에서 손을 떼 버린 게 아닐까, 불로소득으로 부를 쌓는 데 실패한 사람들만 일 잘하는 방법이 뭔지 헛된 토론을 하고 있는 건 아닐까 하는 망상이 들기도 한다. 몇 년 치 연봉을 모아도 서울에서 집 한 채를 살 수 없다는데, 성실하고 유능한 노동자가 되어야 한다는 전통적인 노동윤리를 담은 메시지는 과연 어떻게 사람들을 설득할 수 있을까. 아니, 설득할 수 없기 때문에 어느 순간부터는 일에서 의미를 찾아야 한다는 메시지가 널리 퍼진 건 아닐까. 주식과 부동산 투자에 비해 돈도 별로 안 되는데 의미마저 없다면, 누가 일을 계속하려고 하겠는가 말이다.

나는 주식 투자건 부동산 투자건 별 관심이 없다. 관심이 없을뿐더러 그걸 할 수 있는 종잣돈도, 관련 지식이나 정보도 없다. 사실 주식은 딱 한 번 사 봤는데, 주변에서 공모주가 뜬다고 알려 주기에 호기심에 응모했다가 1주를 받고 바로 팔았다. 내가 한 일이라고는 주식 계좌를 만들고 응모한 것밖에 없는데 십 몇만 원을 벌게 됐다는 사실이, 초 단위로 요동치는 주식 가격에 나도 모르게 동요했다는 사실이 무서웠다. 그 뒤로 다시는 주식을 사지 않았다. 자본주의 사회에 살면서 돈이 어떻게 돌아가는지 정도는 알아야 한다고들 하지만 그걸 배우는 데에도 엄청난 노력이 들 텐데, 그럴 기력은 내게 없다.

그렇다고 일로 버는 돈만이 깨끗하고 떳떳하며, 주식이나 부동산 투자로 얻은 돈은 그렇지 않다고 말하고 싶지는 않다. 단지 이런 시대에 일이란 무엇인가, 이런 상황에서도 어떤 사람들을 일하게끔 만드는 동력은 뭘까 생각해 보고 싶은 것이다.

나의 경우 살면서 가장 많은 사람들의 축하와
축복을 받은 것은 단연 '퇴사한 날'이었다.

에리카퍍, 『언니, 밥 먹고 가』
(세미콜론, 2023)

살면서 네 번의 퇴사를 경험했다. 첫 퇴사는 9개월쯤 다녔던 지역 주간지를 그만뒀을 때였다. 1년을 채우지 못했으니 퇴직금은 당연히 없었다. 게다가 숨 가쁘게 다른 회사로 이직하는 바람에 그곳에서 일한 것이 내게 어떤 의미였는지 돌아볼 시간조차 없었다. 두 번째 퇴사는 비자발적이었다. (내가 당사자는 아니었으나) 부당한 인사 발령 조치가 취해지면서 오래 다닐 수 없는 상황이 되었다. 그만두고 뭘 할지 모르는 상태로, 돈도 별로 없이 쫓겨나듯 퇴사했다. 많이 불안했다. 다행히 곧 세 번째 회사에 들어갔다. 거기서 열심히 일하다 더 이상 이 일을 더 잘해 보고 싶다는 마음이 내 안에 없다는 걸 확인한 어느 날 퇴사를 결심했다. 이곳에서의 퇴사는 내가 이전에 겪어 보지 못했던, 편안하고 자연스러운 것이었다. 동료들과 맛있는 음식을 먹으며 작별 인사를 나눴고, 주변으로부터 많은 축하를 받았다. 퇴직금도 넉넉했다. 그 뒤로 2년간의 프리랜서 생활을 거친 끝에 들어간 회사에서는 아마도 인생 마지막이 될 퇴사를 했다. 코로나19로 말미암아 회사가 문을 닫게 되면서 덩달아 하게 된 퇴사였다. 그 과정에서 동료들과 날을 세우기도 하고 많이 울기도 했다.

회사와 잘 만나는 것만큼이나 잘 헤어지는 것도 어렵다. 퇴사라는 게 언제나 내 의지만으로 이루어지지는 않고, 따라서 모든 퇴사가 응원이나 축하를 받지는 못한다. 최근에는 주변에서 여러 가지 이유로 회사와 힘겹게 이별한 사람들을 많이 본다. '고생했어' 혹은 '더 좋은 회사가 나타날 거야'라는 말밖에 할 수 없어 속상할 때가 있다. 그런 이들에게 이별의 흉터가 너무 오래 남지 않기를, 자책의 시간이 길지 않기를 바랄 뿐이다.

일과 관련되어 사람들이 이야기하는 성장은
다른 동물에는 없는, 오직 인간만이 가진
개념이라고 할 수 있습니다.

박정수(녹싸), 『좋은 기분』

(북스톤, 2024)

하던 일을 그만둬야겠다고 결심했던 시기를 돌아보면, 전부 '성장한다'는 감각이 들지 않던 때였다. 새로 창간한 지역 주간지에서 취재기자로 처음 일할 때부터 그랬다. '이렇게 바삐 돌아가지 않는 곳에서 비슷한 일만 하다가는 남들보다 뒤처질 것 같다'는 초조함이 엄습했다. 갓 시작한 주간지라 실제로는 그리 편할 수 없는 상황이었는데도, 서울 아닌 지역에서 일한다는 비뚤어진 자격지심 때문에 그런 기분이 들었나 보다.

서울에 있는 매체로 옮겨 8년을 일했다. 기사를 쓰는 게 더 이상 어렵거나 부담스럽지 않을 때쯤, '이런 식으로 계속 일하다가는 세월만 낭비하겠다'는 위기감이 또 밀려왔다. 또 회사를 그만뒀다. 내가 쓰는 글을 원하는 독자가 별로 없는 것 같다는 회의감이 가장 큰 이유였지만, 더 성장해서 일을 더 잘해 내고 싶다는 마음이 들지 않는다는 것 역시 스스로 감지한 위험 신호였다.

'일에서의 성장'이라는 말은 우리에게 이미 익숙하다. 이 일을 계속할 것인가 그만둘 것인가를 결정할 때, 이 일터가 괜찮은지 아닌지를 가늠할 때 성장 가능성이 무엇보다 중요하다고 얘기하는 사람은 나뿐만이 아니다. 여기서 나는 새로운 업무를 계속해 내며 성장할 수 있는가, 이곳에 나의 성장을 도와줄 사람과 시스템이 있나, 이 일을 계속할 때 나의 커리어는 성장할 수 있을 것인가. 이럴 때 말하는 성장이 더 능숙하게 일하거나 더 다양한 일을 해내는 능력을 뜻한다면, 우리는 결국 일에 자신을 끝없이 갈아 넣게 될 것이다.

국어사전에서는 '성장'을 '사람이나 동식물 따위가 자라서 점점 커지는 것'이라고 설명한다. 끝없이 자라는 생명체는 없다. 어느 순간이 되면 성장을 멈추고 크기나 부피를 유지한다. 일에서의 우리도 마찬가지라는 걸 받아들여야 한다.

알고 보면 당신은 『나니아 연대기』와 『반지의 제왕』
3부작을 아이들이 잠자리에 들기 전과
옐로스톤 공원에 가는 길에 그들에게 읽어 주었다는
사실도 이력서에 적지 않았지.

제시카 배컬, 『내 인생을 바꾼 거절』
(오윤성 옮김, 북하우스, 2023)

다른 사람의 시시콜콜한 사생활 이야기를 듣는 게 좋다. 얼마나 좋으냐면, 팀으로 일할 때는 주간회의 때문에 월요일 출근을 기다릴 정도였다. 한 주간 우리가 함께 해내야 하는 일들을 정리하는 회의였지만, 그에 앞서 주말 동안 어떻게 지냈는지, 컨디션은 어떤지 이야기를 나누곤 했다. 동료가 주말 동안 어디에 다녀와서 어떤 생각을 했는지, 집에는 어떤 일이 있었는지 듣다 보면 그를 더욱 입체적으로 바라보게 됐다. 우리는 회사에서 일을 하기 위해 만났지만, 이 공간과 시간 바깥에도 동료들과 나의 삶이 있음을 되새길 수 있었다. '회사에서는 일 얘기만 해야지, 웬 TMI?'라거나 '회사 사람들한테 사생활까지 알려 줘야 해?'라고 생각하는 이들도 있겠으나, 나는 일과 개인의 사생활이 영향을 주고받을 수밖에 없다고 믿는 사람으로서 동료들의 TMI(too much information)가 언제나 반가웠다. 물론 이야기의 적정선은 있어야 하고, 누구에게든 사생활에 관한 이야기를 강요해서는 안 되겠지만 말이다.

『내 인생을 바꾼 거절』을 읽다가 조이스 서트펀의 「당신이 이력서에 쓰지 않은 사실들」이라는 시를 만났다. 일을 중심으로 나를 설명하는 문서인 이력서에는 한 사람의 다면적인 모습을 담을 수 없다는 걸 보여 주는 시다. 이따금 이 시를 떠올리면서 나도, 일하면서 만난 타인도 저마다 복잡하고 입체적인 인간이라는 사실을 기억하고 싶다.

이를테면 내가 이력서에 적지 않는 나의 이야기는 이런 것들이다. 아침 식사로 늘 빵과 사과와 커피를 먹는다는 것. 잠이 잘 안 올 때는 옆으로 누워 베개를 꼭 끌어안아 본다는 것. 너무 좋은 책을 읽다 보면 자꾸 책장을 덮고 멈추게 된다는 것….

"너네 회사는 왜 그렇게 됐냐?"는 질문을
많이 받았다. 할 수 있는 답이라곤 '투자 실패',
'경영 실패' 같은 말뿐이었다.

임경아, 『페일로그: 나의 희망퇴직 일지』
(노사이드, 2024)

2019년부터 2020년까지 몸담았던 회사는 코로나19로 말미암아 문을 닫았다. 지금이야 온라인 모임에도 많이들 익숙해졌지만, 당시로서는 커뮤니티라면 오프라인이라는 생각이 지배적이었다. 동료들과 나는 오프라인 기반 커뮤니티를 온라인 기반으로 싹 바꾸기 위해 발 빠르게 움직였다. 화상회의 앱 줌의 다양한 기능을 익히고, 온라인 모임은 오프라인과 어떻게 달라야 하는지 자료를 찾고, 실험하고… 덕분에 온라인 커뮤니티로 비교적 매끄럽게 전환했지만, 그래도 다들 오프라인을 완전히 대체할 수는 없다며 아쉬워했다. 멤버가 늘어도 돈을 벌기 어려운 것이 커뮤니티 비즈니스인데, 코로나19 탓에 확장에 제동이 걸렸으니 큰 투자를 받지 않는 이상은 회사를 유지할 수 없었다. 결국 회사는 사업을 접었다.

그 뒤로 지금의 회사를 만들면서 사무실을 구하느라 면접을 봤다. 일하는 여성들의 커뮤니티를 준비 중인데, 직전에도 그런 회사에서 일했다고 말하자 면접관 한 명이 심드렁하게 물었다. "그 회사는 망하지 않았나요? 그런데 왜 또 그 일을 하려고 하세요?" 회사가 맞이한 결과를 '망했다'거나 '실패했다'고 표현해 본 적은 없기에 그 말은 내게 큰 충격으로 다가왔다.

회사가 문을 닫은 건 '실패'라는 한 단어로 정리될 사건이었을까? 나는 거기서 좋은 동료들을 만났고, 치열하고 재미있게 일하는 방법을 배웠으며, 커뮤니티가 왜 중요한지도 알게 됐다. 그때 배우고 익힌 것들은 여전히 내게 소중하게 남아 있다. 실패했다거나 망했다는 말은 그런 결과를 맞이하기까지의 시간과 사람들의 노력을 조금도 설명하지 못한다. 모든 일은 성공과 실패로 단순하게 나눌 수 없고, 모든 일에는 숫자만으로 측정할 수 없는 뒷면이 존재한다.

내게는 내가 누구였는지에 대한 어떤 단서도 없다.
진실로 나는 한 가지도 알지 못한다.

엘리자베스 스트라우트, 『다시, 올리브』

(정연희 옮김, 문학동네, 2020)

무언가와 헤어진다는 건 늘 슬픈 일이다. 쉽지 않다. 결정을 내리는 것도 받아들이는 것도 마무리를 잘하는 것도 말이다. 쉽지 않아서 시야도 마음도 점점 좁아진다. 2020년 연말 다니던 회사가 문을 닫게 되자 제일 안타까운 사람은 나고, 내가 제일 손해를 보고 있는 것만 같았다. 얼마간 나는 자기 연민에 휩싸여 있었다.

그즈음 『다시, 올리브』를 다시 펼쳤다. 이 안에서 사람들은 서로 스쳐 지나가고 싸우고 사랑하고, 어떤 식으로든 관계 맺으며 자신을 알아 가기도 하고 타인을 알아 가기도 한다. 내가 누구였는지에 대한 단서는 오로지 나와 타인 사이의 어딘가에 있다.

그 회사에서 일했던 나는 어땠을까. 동료들과 떠난 후쿠오카 여행에서 태풍을 만나 비를 쫄딱 맞고 배가 찢어져라 웃으며 숙소로 돌아갔던 날에. 강릉의 한 호텔에서 각자의 노트북을 허벅지에 얹고 1년 동안 목격한 서로의 성장에 대해 이야기 나누던 밤에. 줌 가상 배경을 비건 케이크 사진으로 설정해 두고 대전에서 일하는 동료의 생일 파티를 온라인으로 했던 어느 날에. 거기에 내가, 동료들이, 일이 무엇인지에 대한 단서들이 있었다.

폐업 소식을 공식적으로 전하고 나서 개인적으로 인스타그램에 긴 글을 남겼다. 주로 이 회사에서 일하며 내가 어떻게 바뀌었는지, 앞으로 무엇을 하고 싶은지에 관한 이야기였다. 글을 쓰면서는 이런저런 걸 다 안다고 생각했다. 내 의지로 일을 끝내는 건 아니지만 이 사건의 의미를 내가 새롭게 만들어 낼 수는 있을 거라고 생각했다.

하지만 며칠이 지나고 나니 다 모르겠다는 생각만 들었다. 명확해진 거라곤 이것 하나뿐이었다. 동료들과 내가 일의 안과 밖에서 함께 만든 시간은 남는다는 것. 올리브의 말처럼, "그건 사라지지 않아."

나는 은상 언니와 지송이를 어릴 때부터 오래 알고 지내던 친구들보다 더 가깝게 느꼈다.

장류진, 『달까지 가자』
(창비, 2021)

커뮤니티를 운영하기 전까지는 일터에서 만나는 동료들이 아닌 다른 친구들이 필요하다고 느껴 본 적이 없다. 새로운 사람을 알아 가는 건 '네트워킹'이었고, 언젠가 필요할 때가 있을지도 모르니까 일단 알아 둔다는 목적을 가진 네트워킹은 어색하고 이상한 행위로 여겨졌다. '자만추'(자연스러운 만남 추구)를 해야지, 필요에 따라 일부러 누군가를 만난다? 그건 진정성이 떨어지는 짓이었다. 학창 시절처럼 가만히 있어도 친구들이 생기는 줄 알았던, 멋모르는 사회초년생이었다.

부산에서 나고 자란 내게 서울은 아는 사람이라곤 하나도 없는 낯선 도시였지만, 그래도 견딜 수 있을 만큼만 외로웠다. 일터에서 만난 동료들 덕분이었다. 나는 동료들을 많이 좋아해서 회사에 출근해서도 만나고, 한 주의 모든 기사를 마감한 후 남은 저녁 시간에도 만나고, 심지어 가끔은 주말에도 만났다. 밥을 먹고 술을 마시고, 요즘 재미있게 본 것이 뭔지 이야기를 나누고, 일과 서울살이가 얼마나 고된지 푸념하고 욕하고, 함께 공연도 보고 영화도 봤다. 회사에 다니는 동안 몇몇 동료와는 오랜 친구만큼 많은 것을 공유하는 사이가 되었다.

지금 가까이 지내는 사람들도 대부분 일로 만난 사이다. 조직에 속해 있지 않으니 예전처럼 물리적으로 긴 시간을 함께 보내는 이들은 없고, 일을 계기로 몇 년에 걸쳐 천천히 가까워진 경우가 많다. 일을 좋아하냐는 질문을 받으면 언제나 '좋아하지 않는다'고 잘라 말해도 일이 있어서 다행이라고는 생각한다. 일로 만난 사람들이 없었다면 사는 게 훨씬 더 버거웠을 것 같다.

공동의 목표를 가지고 공정한 방식으로
소통할 수 있다면, 우리는 함께 일하면서 여러 가지
것들을 신뢰하게 될 거야.

임경선, 『여자로 살아가는 우리들에게』
(요조·임경선 지음, 문학동네, 2019)

"어떻게 일로 만나서 친구가 돼요?"라는 질문을 자주 받았다. 함께 일했던 모든 사람과 친구가 될 수 있는 건 아니지만, 나는 일하는 것과 우정을 쌓는 게 별개라고 생각하지 않는다. 성인이 된 우리는 학교에서 친구들과 거의 하루 종일 붙어 있던 시절과는 달리 대체 어디서 친구를 만들 수 있는지 알지 못한다. 사정이 이런데, 일터에서조차 서로 친구가 될 수 없다면 너무나 슬프지 않을까. 게다가 우리 대부분은 하루 중 일하는 데 가장 많은 시간을 쓴다. 함께 일하는 사람들에게 애정과 분노 같은 격한 감정을 느끼기도 하고, 관계 맺는 법이나 갈등을 다루는 법, 오해를 줄이며 소통하는 법도 주로 일하며 배운다.

함께 일한 사람들과 어떻게 친구가 되었는지를 되짚어 보면 이렇다. 우연한 기회로 협업을 하게 된다. 상대방의 다정하고도 명확한 태도, 마감에 대한 철저한 감각, 결과물의 높은 퀄리티에 놀라며 그를 신뢰하게 된다. 그와 밥을 먹고 차를 마시고 이야기를 나누며 한층 가까워진다. 일터 바깥에서 작은 일을 또 같이 해 본다. 그 일의 즐거움과 어려움을 함께 겪으며 더 깊은 우정이 쌓인다. 더 큰 일을 시도해 본다. 그동안 함께한 시간이 쌓여 서로를 더 잘 알게 된 만큼 좋은 파트너가 될 확률이 상당히 높다.

여기에는 단점도 있다. 일의 결과가 좋지 않을 때는 친구 관계도 깨질 수 있다. 아마 이 점 때문에 많은 사람이 일로 만난 사람들과 친구 되기, 그렇게 친구가 된 사람과 다시 일하기를 망설이는 게 아닐까 싶은데… 우정 또한 완벽하지 않다는 걸 떠올리면, 이 또한 어른인 우리가 우정을 연습하는 방식인 셈이다.

책은 한 권도 못 썼고 돈도 별로 못 모았지만
좋은 친구를 사귀어서 다행이야.

루이자 메이 올콧, 『작은 아씨들』
(강미경 옮김, 알에이치코리아, 2020)

친구와 함께 오랫동안 팟캐스트를 만들었다. 시작할 때만 해도 얼마나 오래 하게 될지 모르던 일이었다. 한 주 한 주 친구와 떠들다 보니 어느덧 4년이 흘러 있었다. 다룰 작품을 정하고, 미리 감상을 나누고, 대본을 쓰고, 녹음실에서 대화를 나누고, 오디오 파일을 편집하고, 청취자들이 남겨 준 댓글을 읽고 다시 다음 주를 준비하는 과정은 예상보다 만만치 않았지만 멈출 생각이 들지 않을 만큼 즐거웠다. 딱 하나, 돈이 되지 않는다는 문제를 빼면.

일을 두고 '재미냐, 돈이냐'를 묻는 경우가 많다. 좋아하는 일을 한다면 돈은 좀 못 벌어도 괜찮지 않느냐고 말하는 사람들도 있다. 팟캐스트를 만드는 건 우리가 재미있어하고 좋아하는 일이었지만, 이왕이면 그 일로 돈도 벌고 싶었다. 우리는 고정적인 수익 구조를 만들기 위해 여러 번 애썼다. 광고도 붙여 보고, 방송을 유료로 풀기도 하고, 멤버십을 운영해 보기도 했다. 하지만 다른 일을 더 벌이지 않아도 될 정도의 수익을 만드는 데는 모두 실패했다. 돈이 안 되는 일이었기 때문에 즐거웠던 걸까, 즐겁게 일해서 돈이 안 됐던 걸까? 다른 일들을 병행하느라 각자 지친 우리는 팟캐스트를 우선 멈추기로 했다.

4년 동안 팟캐스트를 만들면서 뭐가 남았나 생각해 본다. 그러다 보면 친구와 함께 쓴 책 『자세한 건 만나서 얘기해』에서 친구가 인용한 『작은 아씨들』의 문장이 떠오른다. "돈도 별로 못 모았지만"이라는 구절이 얼마나 슬픈 것인지, 하지만 어째서 그 구절을 언급하며 웃을 수밖에 없는지는 우리만 안다. 그렇다, 돈은 별로 못 모았지만 좋은 친구를 사귀어서 다행이다. 같이 일하는 과정에서만 볼 수 있는 친구의 다른 얼굴을 보고, 그와 함께 나눌 이야기와 채울 시간을 갖게 되어 정말 다행이다. 이렇게나 큰 것을 얻게 되어 기쁘다.

우리는 지쳐 쓰러질 때까지 자기계발을 한다.

마크 코겔버그, 『알고리즘에 갇힌 자기계발』
(연아람 옮김, 민음사, 2024)

요즘 유행하는 모임 중 하나는 '각할모'라고 한다. '각자 할 일을 하는 모임'인데, 온라인이든 오프라인이든 모여서 각자 해야 할 일의 목표를 설정하고 다른 사람들에게 공유한 다음 정해진 시간 안에 마무리하는 방식으로 진행된다. 모임에서 하는 일은 업무 관련 공부, 사이드 프로젝트 진행, 외국어 공부, 독서, 글쓰기 등 다양하다. 각종 챌린지 모임도 여전히 활발하다. 매일 글쓰기, 매일 달리기 등에 도전하기로 함께 약속하고, 때로는 약속을 못 지킨 사람에게 벌금을 매기기도 한다.

이런 모임이 인기를 얻게 된 이유는 명확하다. 빠르게 변화하는 시대에 맞춰 나 자신도 멈춰 있지 않으려면 무엇이든 해야 하고, 그걸 혼자서는 하기 어려우니 함께하기로 약속하면서 강제성을 만드는 것이다. 자기계발도 하면서 느슨한 네트워크도 형성할 수 있으니, 바쁘다는 감각 속에 살아가는 사람들에게 '각할모'나 챌린지 모임은 해서 나쁠 게 없는 활동이다. 타인과의 만남까지 일부분 자기계발에 포섭되어 버렸다는 사실이 좀 슬프게 느껴진다는 것만 빼면 말이다.

나 역시 이 글을 '각써모', 즉 '각자 써야 할 글을 쓰는 모임'에서 쓰고 있다. 시간을 쪼개서라도 써야 할 글은 많은데 내 의지만을 믿고 있을 수는 없어서다. 모임의 첫 번째 목적은 각자 써야 할 글을 쓰는 것이지만 나는 여기서 누군가와 가까워지는 방법도 함께 배운다. 서로의 컨디션을 살피고, 근황을 듣고, 글을 통해 한 사람의 삶을 들여다보고, 그러다 글쓰기를 멈추고 맛있는 음식을 나눠 먹으며 시시콜콜한 이야기를 떠드는 시간의 소중함 같은 것들. 아이러니하게도, 자기계발을 위한 모임에서 다른 사람과 친구가 되는 방법을 알아 가는 셈이다.

성공을 하든 실패를 하든,
돈을 버리든 시간을 버리든
아빠는 이렇게 말했다.
"보라야, 괜찮아, 경험."

이길보라, 『해보지 않으면 알 수 없어서』
(문학동네, 2020)

처음 해 보는 일들에 관한 원고를 쓰다 만 적이 있다. 그 글에 "하고 나면 우리만의 고유한 경험으로 남는다는 걸, 다음에는 아무것도 아닌 일이 된다는 걸 알고 있다"라는 문장을 썼다. 진심이 70퍼센트, 바람이 30퍼센트쯤 담긴 문장이었다. 당시 동료들과 나는 처음 해 보는 일을 앞두고 있었다. 코로나19로 인해 오프라인으로 계획했던 콘퍼런스를 온라인으로 전환했고, 콘퍼런스 날짜가 점점 다가오는데도 뭐가 뭔지 잘 모르겠고, 잘 모르니 실수하게 될까 봐 불안하고, 처음 하는 일을 너무 겁 없이 막 준비하고 있나 싶어서 심란한 와중이었다.

콘퍼런스를 온라인 라이브로 진행하려니 눈앞에 관객들이 앉아 있을 때보다 카메라를 보고 말해야 하는 상황이 훨씬 더 긴장됐다. 이런저런 걱정에 입이 말랐다. 라이브에 들어가기 전 한 강연자가 말했다. "이렇게 온라인으로 대담을 해 보는 건 처음이에요." 내가 덧붙였다. "저희도 처음이에요!" 그러자 옆에 있던 동료가 이렇게 말했다. "콘퍼런스를 각자 집에서 보고 계신 분들도 이런 경험은 처음일 거예요." 신기하게도 두려움이 깨끗이 사라졌다. 모두에게 이 경험이 처음이라면 혼자 너무 겁먹을 필요 없겠구나. 잘못돼 봤자 뭐 얼마나 잘못되겠어. 그렇게 아무 걱정도 불안도 없이 행사를 마쳤다.

새로운 일을 해야 할 때면 그때의 경험을 떠올린다. 해 보지 않으면 알 수 없고, 나만 처음인 게 아닐 수도 있다. 첫머리에 언급했던 쓰다 만 원고는 이런 문장으로 끝난다. "이럴 때마다 동료가 말한다. '함께 처음 해 본 일이 또 늘었네요!' 나는 이 말을 무척 좋아한다."

지금도 나는 이 말을 정말 좋아한다.

실패하지 않은 성공한 사람이 어디 있나요?
둘 다 동반돼야 하는 거고, 저도 크고 작은
저만의 실패와 성공이 있었어요.

김희애, 「김희애란 역사」, 『엘르』 2018년 7월 호

존 리비의 『당신을 초대합니다』를 읽다가 '퍽업 나이트'Fuckup Nights라는 행사를 알게 됐다. 여기서 사람들은 자신의 실패담을 소개하며 다른 이들과 연결된다. 사업 실패의 부끄러움 때문에 다시는 앞으로 나아가지 못하는 경우가 너무나 많다는 깨달음에서 탄생한 행사다.

몇 년 전 배우 김희애의 인터뷰를 인상 깊게 읽었다. 데뷔 이후 단 한 번도 실패한 적이 없어 보였던 사람이기에 그 역시 실패를 겪었다는 말이 새삼 놀라웠다.

곰곰이 생각해 보니, 우리가 보는 누군가의 성공은 결과일 뿐 그 과정에서 어떤 실패들이 있었는지는 드러나지 않는다. 나도 '실패의 경험'을 묻는 말에 별다른 대답을 찾지 못해 얼버무려 왔고, 그래서 나 또한 딱히 실패 없이 살아온 줄 알았다. 돌아보니 그렇지 않았다. 가고 싶었던 회사의 입사 시험에서 여러 번 떨어졌고, 동료와 콘텐츠 관련 브랜드를 만들어 투자를 받으려 고군분투했지만 성사되지 않았다. 일이 아닌 삶의 영역에서는 아마 훨씬 더 많은 실패를 겪었을 것이다. 그런 경험을 머릿속에서 지우고 싶어서 실패한 적 없다고 무심코 생각해 버렸는지도 모르겠다.

실패에 대한 이야기를 접하기는 어렵다. 나처럼 회피하고 싶어서, 또는 숨기고 싶어서 실패담을 굳이 꺼내지 않는 사람이 많을 듯싶다. 실패는 시간 낭비가 아니다. 거기서 배우는 게 있으니 가만히 있기보다는 시도하는 게 좋다는 용기. 혹시 그러다 실패하더라도 모든 게 끝나지는 않는다는 믿음을 준다. 그러니 가끔은 내가 겪은 실패도 소중히 들여다봐 주기를. 김희애의 말처럼 삶에서 가장 영광스러운 순간은 "모든 것" "과거의 안 좋았던 순간마저도"이니까.

애초에 폭넓게 시작하고, 성장하면서
다양한 경험과 관점을 받아들이는 사람들,
곧 레인지range를 지닌 이들 말이다.

데이비드 엡스타인, 『늦깎이 천재들의 비밀』
(이한음 옮김, 열린책들, 2020)

팟캐스트를 듣다가 '전문성'에 관한 흥미로운 인터뷰를 접했다. 『빅 리틀 라이프』의 「꼬리에 꼬리를 무는 커리어 고민」 편에서 진행자는 변호사·교사·개발자 등 다양한 일을 하는 이들에게 당신은 전문성을 가진 사람인지, 어떤 직업이 전문성을 갖췄다고 생각하는지 묻는다. 어떤 결과가 나왔을까?

현재 무슨 일을 하는지에 관계없이, 놀랍게도 하나같이 자신은 전문성을 갖추지 못했고 이런저런 업무를 병행하는 제너럴리스트에 가까우며 다른 일을 하는 사람들이야말로 전문성을 갖춘 것 같다고 답했다. 요컨대 자신을 전문가로 여기는 사람은 많지 않고, 전문성이라는 것은 달성하기 어려운 역량으로 여겨진다.

한때는 '1만 시간의 법칙'이 진리로 받아들여졌다. 어떤 분야의 전문가가 되려면 최소 1만 시간의 훈련이 필요하다는 법칙이다. 물론 하나의 일에 많은 시간을 투입하면 그 일에 능숙해지고 요령이 생기며 해당 분야에서 나름대로 시야를 확장할 수 있다. 게다가 한 가지 일에 그 정도 시간을 집중해 투자할 수 있다는 것 자체로 재능이라 할 만하다. 하지만 세상이 빠르게 변하면서 하나의 일을 오랫동안 하면 전문성이 쌓인다는 생각은 착각에 가까워졌다. 게다가 이제는 한 가지 일을 오랫동안 할 수 있는 시대도 아니다. 불안정한 경제 상황으로 이직도 전직도 퇴직도 잦을 수밖에 없는 지금, 많은 사람은 분절된 일 경험을 하게 된다. 그럼 이런 시대에는 누구도 전문가가 될 수 없나?

하나의 일에 긴 시간을 투입한 전문가라는 환상 대신, 다른 관점에서 전문성을 이해하려는 시도가 필요하다. 다양한 환경에서 다양한 일을 경험해 보고, 거기서 알게 된 것을 또 다른 분야에 적용할 줄 아는 게 새 시대의 전문성일 수 있다.

그러므로 남들도 경험했을 것이라고 생각해서
대수롭지 않게 치부했던 자신의 경험을
새롭게 들여다봐야만 한다.

최혜은·쟈스민 한, 『워크디자인』
(21세기북스, 2020)

사회생활을 시작한 지 10년을 훌쩍 넘겼다. 지역 주간지의 취재기자에서 엔터테인먼트 웹매거진의 취재기자로, 소속이 없는 프리랜스 에디터에서 밀레니얼 여성 커뮤니티의 콘텐츠 디렉터로, 또 일하는 여성들의 커뮤니티를 만드는 회사의 대표(다른 말로는 1인 자영업자)로 커리어를 여러 번 전환했다.

지금이야 일 또는 여성에 관한 콘텐츠와 커뮤니티를 기획할 수 있는 내 역량이 고유한 것이라고 믿지만, 몇 년 전까지만 해도 내게는 고유한 역량이랄 만한 게 없다고 느꼈다. 글 쓰는 일은 누구나 할 수 있는 일 같고, 게다가 글을 잘 쓰는 사람은 이미 너무나 많고, 글쓰기 외에는 딱히 기술이라 할 만한 게 없는 상황에서 연차만 높아지는 것 같아 불안했다. 그러다 '작은 지역 주간지의 취재기자'라는 경력을 다시 들여다봤다. '이제 막 시작하는 초기 브랜드의 방향성과 시스템 잡기' '기획' '글을 기반으로 한 다양한 방식의 커뮤니케이션 기술'이라는 노하우가 보였다. 커리어의 다른 단계에서도 이 세 가지 노하우는 꾸준히 쌓이고 있었다. 그제야 불안감이 사라졌다.

그때의 경험을 바탕으로 개인의 일 기술을 발굴하도록 돕는 일도 하게 됐다. 미처 발견하지 못한 역량을 찾아내거나, 정돈된 언어로 설명하기 어려웠던 역량을 잘 정리할 수 있도록 돕는 프로그램을 종종 진행한다. 겉으로는 같은 이름표가 붙은 일을 하더라도 모든 사람이 그 일을 똑같은 방식으로 하지는 않으며, 그래서 우리 모두에게는 무엇으로도 대체될 수 없는 고유하고 특별한 노하우가 있다는 사실을 믿는다. 전문성이라는 게 눈에 보이는 자격증이나 수치화할 수 있는 기술만이 아니라는 사실을 더 많은 사람이 알았으면 좋겠다.

회사에서 낸 성과에서 내 기여를 명확하게
분리하기는 어렵다. 개인으로서 할 수 있는 건
과정을 붙잡는 일이다.

무과수, 「점을 선으로 연결하는 행동의 힘」,
『인디펜던트 워커』
(정혜윤 외 8인 지음, 스리체어스, 2021)

예전에 일했던 커뮤니티에서는 '경험공유회'라는 프로그램을 기획하고 진행했다. 커뮤니티 멤버들이 직접 연사가 되어 일하며 쌓은 자신의 노하우나 경험을 발표하는 시간이었다. 경험공유회의 연사가 되어 달라고 요청하면, 돌아오는 반응은 크게 세 가지다. '저는 이렇게 일하지만, 정답이라고는 할 수 없거든요. 그래도 괜찮을까요?' '제가 너무 나서는 것처럼 보이면 어떡하죠?' '회사 사람들이 보기에 제가 혼자 했다고 자랑하는 것처럼 비치지는 않을까요?'

대부분의 일은 협업이고, 따라서 일 이야기를 '나'의 관점으로 공유하는 것이 조심스러운 마음은 충분히 이해된다. 하지만 그런 이유로 위축될 필요는 없다. 같은 자리에서 같은 일을 하더라도 중요한 건 결국 '누가' 그것을 '어떻게' 했느냐다. 더불어, 일 이야기를 공유하는 건 정답을 제시하는 게 아니라 힌트를 보여 주는 것에 가깝다. 다른 사람들은 그 힌트를 참고 삼아 자신만의 방식을 고민할 수 있다.

경험공유회를 여러 차례 진행한 후 나만의 전문성과 노하우를 정리하는 '일 기술 발굴단'이라는 워크숍을 기획했다. 커리큘럼은 대략 이렇다. 1)지금까지 각자의 일 경험을 모두 늘어놓고 커리어 연대기를 그린다. 2)그중 인상 깊었던 일을 고른다. 3)그 일을 내가 어떤 방식으로 진행했으며 무엇을 배웠는지 구체적으로 들여다본다. 4)공유 목적과 공유 대상을 그려 보며 기획안을 작성한다. 5)그렇게 정리한 나의 일 기술을 스크립트 혹은 PPT 자료로 재구성한다.

나보다 이 일을 더 잘하는 사람이 있는지, 내 방법이 모두에게 통용되는 정답인지는 걱정하지 않아도 된다. 모두에게는 그만의 고유한 커리어 스토리가, 깊고도 다양한 일의 우주가 있다.

나는 폴더링 세계에 살고 있으며
폴더링 실행자다.

최지영,「폴더 아래 폴더 있고 폴더 위에 폴더 있다」,
『언니들의 계속하는 힘』
(박희선 외 4인 지음, 출판하는언니들 소모임, 2024)

나의 강점은 수집과 발산이다. 반대로 분류와 정리에는 약하다. 용도별로 나눠서 쓰려고 이런저런 수첩을 샀다가 힘에 부쳐서 지금은 모든 업무를 하나의 수첩으로 해결하는 중이고, 일을 10년 넘게 했어도 결과물을 구글 드라이브에 폴더별로 나누어 담아 두는 건 작년에야 겨우 시작했다. 휴대전화 화면에는 모든 앱과 즐겨찾기 해 둔 모든 웹페이지가 펼쳐져 있다. 잠깐만 정신을 놓으면 노트북 바탕화면도 각종 문서 파일로 뒤덮여 버린다.

폴더링, 즉 폴더별로 정리를 잘한다는 건 무엇인가? 그건 단순히 정리정돈에 능하다는 뜻이 아니다. 무엇과 무엇을 어떤 키워드로 묶어야 하는지, 어떻게 정리해야 나중에 효율적으로 찾아 쓸 수 있는지 제대로 파악하고 있다는 뜻이다. 나는 폴더링을 잘하는 사람은 일도 잘할 확률이 높다는 편견을 품고 있는데, 근거가 아주 없진 않은 것 같다. 내가 보기에 일을 참 잘하는 지인이 있는데 그는 폴더링의 천재다. 그는 휴대전화 메모장도 폴더를 나누어 아이디어를 모으고, 투두리스트를 관리하고, 책에서 읽은 문장을 수집한다.(반면 내 메모장에는? 두서없는 조각 메모만이 가득하다. 방금 열어 본 페이지에는 '28일 4시 이후~7시 사이'라는 글이 있다. 이건 대체 뭐였을까?) 또 구글 폴더에 지금까지 해 온 업무 파일을 연도별/종류별로 나누어 정리해 놓고, 직접 찍은 사진도 연도별/장소별/인물별로 쌓아 둔다. 어떻게 그게 가능하지? 혹시 이 글을 읽으면서 어떻게 그게 가능하지 않은지 도리어 궁금한 사람이 있다면⋯ 존경한다. 당신도 폴더링의 천재라 불릴 자격이 있다.

부탁이라는 열쇠를 활용하는 사람은 극소수다.

웨인 베이커, 『나는 왜 도와달라는 말을 못할까』
(박설영 옮김, 어크로스, 2020)

얼마 전 만난 지인은 '도와 달라는 말을 하기가 어렵다'고 말했다. 이야기를 들으며 혼자만의 사업을 시작했던 시절이 떠올랐다. 공동 대표 두 사람이 할 수 있는 일과 단독 대표 한 사람이 할 수 있는 일은 다를 수밖에 없기에, 이제부터 혼자 커뮤니티를 만들어 가야 한다는 부담감에 사로잡혀 하루하루를 보낼 때였다. 무엇부터 해야 할까 고민하다가 난생처음 커뮤니티 멤버들에게 '도움을 요청한다'는 말을 꺼냈다. 혼자서는 이 상황을 어떻게 헤쳐 나가야 할지 모르겠다고, 내게 어떤 이야기든 들려주면 큰 힘과 힌트가 될 것 같다고 말이다. 그전까지는 되도록이면 모든 일을 스스로 해결하고 싶었다. 남에게 도움을 구한다는 건 취약하다는 뜻이고, 운영자로서 취약함을 드러내는 건 치명적인 실수라고 여겼기 때문이다. 나의 도움 요청에 총 네 사람이 응답했고, 그들 덕분에 나는 도움을 주는 것만큼이나 받는 것도 기쁜 일임을 깨달았다.

도움을 받는 것도 한 번이 어렵지, 두 번 세 번은 어렵지 않았다. '오프라인 팝업을 열 예정인데, 어떤 콘셉트가 좋을까요?' '여성의 날 이벤트는 어떤 내용으로 진행해 볼까요?' '커뮤니티에 손을 보태고 싶다면, 언제든 저에게 알려 주세요.' 매끈하고 완벽하게 정리된 결과물만 보여 주고 싶다는 욕심을 버리고 도움을 요청하기 시작하자 동료들이 늘어났다. 나는 표면적으로 혼자 일하는 사람처럼 보이지만, 실제로는 언제든 힘을 모을 수 있는 동료들과 함께 일하고 있다.

도움이 필요하다고 말할 수 있다는 건 최소한 내가 어떤 부분에서 부족하다는 걸 알고 있다는 의미이자 다른 사람들을 신뢰한다는 신호이기도 하다. 혼자인 나는 모르는 것, 할 수 없는 것이 많다. 타인의 손길이 나를, 내 일을 더 낫게 만든다.

자신이 잘하지 못하는 일을 내려놓기란
쉬워 보이지만 의외로 어렵습니다.
내려놓기 위해서는 먼저 내가 '못한다'는 것을
인정하는 데서 시작해야 하거든요.

한수희, 「우아하게 실패하는 법」,
『어른이 되어 그만둔 것』
(이치다 노리코 지음, 한수희 외 3인 미니 에세이 수록,
드렁큰에디터, 2020)

모른다는 말을 하기란 쉽지 않다. 이직을 했거나, 전직을 했거나, 경력이 단절됐다가 오랜만에 회사에 복귀했거나, 일터에 처음 진입했거나 하는 시기에는 자신감이 떨어져 있기 때문에 더더욱 그렇다. 초년생 시절의 나 또한 모르는 걸 모른다고 말하기 어려워서 일을 그르치곤 했다. 잘 모르겠다고, 알려 달라고 하면 남들이 귀찮아하진 않을까, 상사에게 혼나지는 않을까 눈치 보느라 바빴다.

오랜 경력을 쌓은 사람들은 모른다고 말하기가 쉬울까? 어떤 업무의 경력자이자 전문가로서 모르는 게 있다는 티를 내는 게 자존심 상할 수도 있고, 약점을 잡힐 것 같다는 두려움이 들지도 모른다. 하지만 어떻게 한 사람이 모든 일을 다 알고 잘할 수 있을까? 만일 그렇다면 사람들이 '함께' 일할 이유란 없을 것이다. 모르는 부분을 솔직하게 말하고 도움을 요청하는 것은, 타인과 가까워질 수 있는 좋은 방법이자 일을 좀 더 수월하게 할 수 있는 전략이기도 하다.

이 글을 빌려 내가 잘 모르는 것과 잘 못하는 것을 고백해야겠다. 일하거나 공부하면서 영어 자료를 많이 접하는 편이지만, 영어는 여전히 너무 어려워서 번역기를 애용한다. 엑셀도 잘 못 다뤄서 사용할 수 있는 수식은 덧셈과 뺄셈 정도다. 외부 파트너와 미팅할 때 지나친 겸손이나 잘난 척 없이 내 능력을 적절히 어필하는 방법도 잘 모른다. 그런 자리에서는 동료가 뿜어내는 아우라에 감탄하곤 한다. 내 약점 덕분에 다른 사람을 더 쉽게 존경하게 된다. 그럴 여지가 크다는 게 좋다.

더 잘하고 싶다, 하지만 지금은 이게 최선이다.

김겨울, 『출발선 뒤의 초조함』
(박참새 지음, 2022, 세미콜론)

친구들과 '마감'에 관한 이야기를 길게 나눈 적이 있다. 시작은 내가 대학원에서 겪은 경험이었다. 매 수업 시간마다 논평이니 발제문이니 하는 글을 써내야 한다는 데 놀랐는데, 다른 학생들이 마감 시간 지키기를 어려워한다는 사실에 또 한 번 놀랐다는 얘기를 했다. 내가 기자로 일하면서 단기 마감 시스템에 너무 익숙해져 있었나, 마감을 굳이 지키지 않아도 되는데 나만 너무 교수님 말씀에 고분고분 순응하는 건가, 혼란스러웠던 마음을 고백했다. 작사가 한 명, 작가 두 명이 모인 그 자리에서 '마감은 과연 무엇인가?'를 주제로 대화가 펼쳐졌다. 일단 '마감은 지켜야 한다'는 데 동의한 우리 셋은 '내 기준에서 완벽하지 않은 결과물이라도 마감일이 닥쳤다면 협업자들과 공유해야 한다'고 결론 내렸다.

　미루는 버릇 탓에 늘 마감 시간에 쫓기는 나는 결과물에 아쉬움을 느낄 때가 잦다. 조금만 더 일찍 시작했더라면, 더 나은 글을 쓸 수 있을 텐데. 그러나 돌이켜 보면 기사 한 편을 쓰려면 밤을 꼴딱 새워야 했던 신입 기자 시절에도 아쉬움은 있었다. 12시간을 들여도, 5시간을 들여도 결과물에 대한 후회는 (정도에 차이는 있을지언정) 남기 마련이다. 내 기준에 완벽한 결과물을 내놓기 위해서는 얼마나 긴 시간이 필요할지, 아마 우리는 영원히 알 수 없을 것이다.

　그러니까 마감을 지킨다는 건 내가 지금은 이 정도라는 사실을 인정하는 것, 내가 할 수 없는 부분은 포기하는 연습을 하는 것이다. 내가 생각하기에 부족한 결과물을 세상에 내보여도 큰일이 벌어지지 않는다는 사실을, 다음 마감에 조금 더 나아지기 위해서는 무엇이 필요한지를 배우는 과정일지도 모른다. 나 자신의 빈틈과 모자람을 견디는 훈련인 셈이다.

우리는 해야 할 일을 하는 데 지금보다
더 적합한 시기가 있을 거라고 늘 믿는다.

앤드루 산텔라, 『미루기의 천재들』
(김하현 옮김, 어크로스, 2019)

미루는 데 일가견이 있는 사람이 바로 나다. 일을 미루는 패턴은 주로 이렇다. 마감일까지 얼마나 남았는지 일정을 계산해 본다. 그 일을 시작하고 마치기까지 n시간이 걸릴 거라고 예측하고는 시간이 넉넉하다고 느끼며 미루기 시작한다. 친구들과 대화를 하다가, 다른 일을 하다가, 자려고 누웠다가 문득문득 미루고 있는 그 일을 떠올린다. 마감일이 점점 다가온다. 그 일 생각에 선잠을 자게 된다. 마감일이 바로 내일로 닥쳐온다. 더 이상 미룰 수 없다는 걸 깨닫고 책상 앞에 앉는다. 다행히 마감일에 맞춰 일을 마무리해 낸다. '조금만 더 일찍 시작했더라면 좋았을 텐데…' 후회한다. 또 다음 일이 생기면? 다시 앞의 패턴을 반복한다.

왜 이런 패턴이 되풀이되는지 고민해 봤다. 첫째, 일단은 시간이 많이 남았다는 안도감 때문이다. 이건 마감일까지 내가 해야 하는 다른 일들, 만나야 하는 사람들, 가져야 하는 여가 시간 같은 것들을 계산에 넣지 않기 때문이기도 하다. 둘째, 이 일을 하기에 적합한 타이밍이 마감일 전까지 언젠가 오겠지만, 아무튼 지금은 아니라는 생각 때문이다. 기분, 체력, 책상의 청결도 등을 따지며 그 일을 할 수 있는 상황이 '지금'은 아니라고 여긴다. 셋째, 일을 완성해 냈을 때 결과물이 내 마음에 들지 않을 거라 지레짐작해서다. 일을 미루고 있는 동안에는 내가 만들 결과물이 대단할 수도 있는 가능성을 품고 있지만, 일을 마치고 나면 내 기대에 못 미치는 결과물을 직시해야 할 수도 있기 때문이다.

방금도 나는 30분 동안 낮잠을 자며 글쓰기를 미뤘다. 그러다 이 글을 쓴다. 상상 속에 있던 글보다 별로일지도 모르는 나의 글과 정면으로 승부를 겨뤄야 할 시간이다.

나는 '하면 된다'는 말은 싫어하지만
'하면 는다'는 말은 좋아한다.

김하나, 『말하기를 말하기』
(콜라주, 2020)

"몇 년 전의 효진 님과 지금의 효진 님은 많이 달라 보여요." 전에 일했던 커뮤니티에서부터 나를 봐 왔던 한 동료가 말했다. 그때의 내가 커뮤니티에서 일하기에 얼마나 부적합한 사람이었는지는 나도 잘 안다. 일주일에 두세 번은 오프라인 프로그램이나 모임에 오는 멤버들을 반갑게 맞이해야 했는데, 그걸 어떻게 하는지 몰라서 멀뚱멀뚱 서 있거나 모임이 끝나자마자 뒷정리하기에 바빴다. 당시 커뮤니티 멤버였던 한 친구가 웃긴 일화를 하나 들려주었다. 나를 보고 반가워서 인사를 건넸더니 내가 그냥 짧게 응대하고 어디론가 바쁘게 가더란다. 급한 일이 있나 싶었는데, 보니까 가방에서 립밤을 꺼내 바르더라고. 이 얘기를 듣고 그의 예리한 관찰력에 감탄하며 웃을 수밖에 없었다. 갑자기 립밤을 바르는 건 어색함을 견디기 위한 나의 습관 중 하나이기 때문이다.

커뮤니티 운영자의 주요 역할은 새로운 사람들을 만나고, 그들과 이야기를 나누고, 그들이 커뮤니티에 잘 안착하게끔 돕는 것이다. 그런 일을 처음부터 아무렇지 않게 해내는 사람도 있지만, 나에게는 정말 어려웠기에 이 일을 오랫동안 하게 될 거라고는 상상도 하지 않았다. 하지만 신기하게도 어쩌다 보니 이 일은 내가 계속하고 싶은 일이 되었고, 하다 보니 역량도 늘었다. 요즘도 멤버들을 만날 때면 긴장하지만 그 시간을 버틴다는 생각으로 보내지는 않는다. 한 사람 한 사람 이름을 묻고, 적절한 질문을 던지고, 기존 멤버와 새로운 멤버들이 인사를 나눌 수 있게끔 돕고, 내 이야기를 들려주면서 우리가 함께해서 좋은 시간을 만들기 위해 노력한다.

이렇게 되기까지 약 5년이 걸렸다. 내가 5년 뒤에도 이 일을 하고 있다면, 그때는 또 무엇이 늘어 있을지 궁금해진다.

도중에 그만두지 못했던 것은
떠날 용기가 없어서였다.

심채경, 『천문학자는 별을 보지 않는다』
(문학동네, 2021)

변덕이 심한 성격이지만 의외로 한번 시작한 일을 잘 그만두지는 않는다. 멈춰야 할 상황에 부딪히지 않는 이상은 하던 걸 계속한다. 이걸 변화를 싫어하는 성향이라고 할 수도 있고, 지구력이 있는 편이라고 할 수도 있겠다.

하던 걸 그만둘지, 계속할지 결정해야 하는 갈림길에 섰던 때가 있다. 함께 회사를 창업하고 2년 가까이 같이 일해 온 동료가 이 일을 그만하고 싶다는 의사를 밝혔다. 동료의 이야기를 들으며 나도 뒤늦게 고민하기 시작했다. 수익성이 그리 좋지 않은 일을, 심지어 동료도 없이 나 혼자 해낼 수 있을까. 만약 이 일을 지금 그만둔다면 그다음엔 뭘 해야 할까. 그래도 커뮤니티인데 멤버들과 논의도 없이 운영자가 일방적으로 문을 닫아도 되는 걸까. 여러 질문을 스스로에게 던진 끝에, 혼자서라도 회사를 계속 운영하기로 했다.

"계속해 보려고요." 그러자 주변에서는 어려운 결정을 내린 거라고, 대단하다고 응원의 말들을 건네 왔다. 그런 반응을 마주하며 어쩐지 민망해졌다. 내 생각엔 지금 내가 뭘 원하는지 적극적으로 고민하고 다른 방향을 향해 움직이는 게 어렵지, 하던 걸 계속하는 건 그리 어렵지 않은 선택 같았기 때문이다. 내가 이 일을 지속하는 건 그만둘 용기가 없어서라는 사실을 감추려는 핑계가 아닐까 싶기도 했다.

어느덧 혼자 일한 지 1년이 넘었다. 그동안 커뮤니티 만드는 일을 그만두지 않았고, 앞으로도 당분간은 그만둘 생각이 없다. 여전히 멈출 용기가 없어서일지도 모른다. 하지만 1년 전보다는 이 말을 좀 더 믿게 됐다. "그러나 남은 채 버텨내는 데도 역시 대단한 용기가 필요했다."(『천문학자는 별을 보지 않는다』 중에서)

'썩 잘된다고는 할 수 없지만
나름 잘 굴러간다.'

미시마 쿠니히로, 『재미난 일을 하면 어떻게든 굴러간다』
(박동섭 옮김, 유유, 2024)

"요즘 회사는 어때?" 오랜만에 만나는 친구들도, 지인들도, 심지어 부모님도 꼭 이 질문으로 대화를 시작한다. '어때'라는 말에는 여러 가지 의미가 담겨 있겠지만, 내게는 '충분히 돈을 벌 만큼 잘 굴러가고 있느냐'는 뜻으로 들린다. "뭐, 그냥저냥 잘 굴러가고 있어요"라고 대답할 수밖에 없다. 많지는 않지만 일을 계속 이어 나갈 동력이 될 만큼은 벌기 때문이다.

회사를 처음 만들었을 때는 온몸에 기합이 들어가 있었다. 작은 회사가 규모를 키워 오래 살아남으려면 투자를 유치하는 수밖에 없고, 투자를 받게 된다면 급격한 성장세를 증명하는 'J커브'를 그려 내야만 한다고 믿었으니까. 발을 동동거리며 돈을 받기 위한 이런저런 지원서를 쓰고, 떨어지고, 좌절하기를 반복했다. 두 사람의 인건비도 간신히 나오는 회사가 앞으로 크게 성장할 거라고 점쳐 주는 곳은 어디에도 없었다.

그래서 투자 받기를 포기하고 '잘 굴러감'을 다시 정의하기로 했다. 내가 생각하는 '잘 굴러감'은 이런 것이다. 일을 하고 회사를 운영하는 사람이 계속해 나갈 동력을 잃지 않으며, 그 회사에 관심과 호기심을 갖는 사람들이 조금씩이라도 늘어나는 것. 이 정의에 비춰 보면 내가 만든 회사는 분명 잘 굴러가고 있다. 매우 느리지만 커뮤니티 멤버들이 조금씩 늘어나는 중이고, 이 커뮤니티가 어떻게 운영되는지에 대한 이야기를 듣고 싶어 하는 자리도 생겨나고 있으며, 이곳이 무엇을 하며 어떤 지향점을 가졌는지 이해하는 업무 파트너도 예전보다 많아졌다. 여전히 혼자 일할 수밖에 없는 정도의 매출을 내고 있지만, 어쨌든 그만두지 않고 이 회사를 계속 그럭저럭 잘 굴려 보고 싶다. 이렇게 굴려서 어디까지 갈 수 있을지 궁금하다.

자기 자신을 먹여 살리는 행동과 지금보다
더 나은 삶을 도모하는 마음이야말로 사람의 성장을
이끄는 두 가지 욕망이며, 애초에 '의미'라는
개념을 품고 사는 사람만이 낼 수 있는 아이디어다.

한지인, 『ESG 브랜딩 워크북』
(북스톤, 2022)

커뮤니티 만드는 일을 계속하기로 한 건 결국 즉흥적인 선택이었다. 그런데 둘이 하던 일을 혼자 하게 되고, 상의할 파트너도 사라지니 고민이 나날이 커져 갔다. 열심히 하는 것 같긴 한데 왜 기대만큼 결과가 나오지 않을까? 사업이 잘 안 풀릴 때 정확한 이유를 찾기보다 '우리 디자인 좀 바꿔 볼까?' 하는 사장님처럼, 브랜딩을 새로 해야 할 것만 같은 느낌이 들었다. 한 디자인 스튜디오에 컨설팅을 의뢰했다. '커뮤니티로는 나쁘지 않지만 비즈니스로는 보이지 않는다' '브랜드 디자인이 커뮤니티 분위기와는 달리 조금 경직되어 있다'는 피드백을 받았다. 요약하자면 '비즈니스 아님'과 '비즈니스이고 싶음' 사이에서 갈팡질팡하고 있다는 뜻이었고, 그건 이 커뮤니티 서비스를 대하는 나의 태도와도 닮아 있었다. 커뮤니티로 비즈니스 모델을 만들기 쉽지 않다는 건 알지만 '세상에 좋은 일'만 하는 것처럼은 보이고 싶지 않은 마음이 브랜딩에도 반영된 셈이다.

'좋은 일 하시네요'라는 말 안에는 이런 뉘앙스가 담겨 있다고 느낀다. 돈 안 되는 일을 열심히 한다는 격려 또는 안쓰러운 시선. 나는 그 일을 할 수도 없고 별로 하고 싶지도 않다는 선 긋기. 대개 일은 돈과 의미 중 하나를 선택해야 하고, 두 가지 모두를 충족시키는 경우는 드문 것으로 여겨진다. 그런 시선 안에서 돈과 의미는 언제나 상충하는 가치다. 그 중간 어디쯤에서 새로운 일을 만드는 건 불가능할까. 돈도 조금, 의미도 조금 챙기는 일은 애매해서 별로인 걸까. 일을 해서 얻는 이득이 정말 돈 아니면 (무엇인지도 알 수 없는) 의미밖에 없는 걸까.

컨설팅을 마치자 해답보다 질문이 더 많이 생겼다. '좋은 일' 말고 나는 어떤 일을 하고 싶은지, 혹은 하고 있는지. 브랜딩이 문제가 아니라 이 질문들에 답하는 게 우선이다.

어떻게 불리든 우리야 크게 상관없지만
어떤 조직 모델을 만들어갈 것인지 고민할 때
레퍼런스가 없다는 어려움이 있다.

뉴웨이즈, 『젊치인을 키우고 있습니다』
(위즈덤하우스, 2024)

뉴그라운드를 어떤 모델로 이해해야 할지 아직도 잘 모르겠다. 커뮤니티를 중심으로 수익성을 추구하는 '비즈니스'인가 하면 그건 아닌 것 같다. '절대 동일하게 복제할 수 없다'는 커뮤니티의 특성과 '복제 및 자동화'라는 비즈니스의 핵심은 맞닿기 어렵다. 그렇다면 비영리 단체인가? 멤버들에게 일정한 가입비를 받고 있기 때문에 구조적으로는 비영리가 아닌데, 일터에서의 성평등을 목표하므로 추구하는 바는 비영리 단체와 가깝다고 느낀다. 개인사업자로 등록되어 있으나 멤버 한 사람 한 사람의 참여와 발언을 중요하게 여긴다는 점에서는 조합처럼 보이기도 한다.

이런 애매한 정체성은 나를 갈팡질팡하게 만든다. 비즈니스로서 수익을 내려면 멤버십 가입비를 더 높게 책정해야 한다. 그런데 가입비를 올리면 일과 일터에서 어려움을 안고 커뮤니티를 찾는 사람들에게 더 많은 지출을 부추기는 것만 같다. 그렇다고 지금의 방식을 유지하면 운영자인 나에게는 수익이 거의 남지 않고, 내 생활을 지탱하려면 시간을 쪼개어 더 많은 다른 일들을 할 수밖에 없게 된다. 이 굴레를 빙빙 돌다가 고민하기를 포기한다.

꼭 뉴그라운드의 조직 모델을 정의할 명확한 단어를 찾아야 할까? 일도 조직도 생명력을 가지고 변화하는 개체다. 어차피 비즈니스도, 비영리 단체도, 조합도 임의적인 구분이다. 뉴그라운드의 일과 구조가 이 모든 모델의 특성을 조금씩 가지고 있다면 그냥 그걸 잘 조합해 나가면 되지 않을까. 뉴그라운드와 완전히 같은 모양은 아니어도 예전에 없던 문화와 방식으로 일해 보려고 하는 모든 조직과 단체가 좋은 힌트가 되어 줄 테니 말이다. 레퍼런스는 도처에 있다.

세상은 우리에게 무엇이 좋은 삶인가에 대해
단 하나의 줄거리만을 들려준다.

리베카 솔닛, 『여자들은 자꾸 같은 질문을 받는다』
(김명남 옮김, 창비, 2017)

삼십 대 초반이 되었을 때 문득 이상하다는 생각이 들었다. 어릴 때는 이 정도 나이가 되면 안정적인 회사에 다니면서 돈도 많이 벌고 있을 줄 알았는데, 내 삶은 이상과는 무척이나 먼 곳에서 흘러가는 듯했다. 회사 사정은 언제나 어려웠고 따라서 명절 보너스 같은 건 구경도 못 했다. 복지라고는 법적으로 정해진 휴가와 매우 적은 돈을 쓸 수 있는(취재비를 쓰고 나면 남는 게 없는) 법인카드 정도였다. 으리으리한 사옥으로 출근해 목에 걸린 사원증으로 당당하게 출입문을 통과하는 출근길을 꿈꿨지만, 내가 일하는 사무실은 엄지손가락 지문 인증만으로 출입할 수 있는 작은 공간이었고 직원이 워낙 적어 사원증은 필요하지도 않았다. 대기업의 시설과 복지가 누구에게나 공평하게 주어지는 평범한 미래인 줄 알았으나 그건 불가능하며, 첫 단추를 대기업으로 꿰지 않으면 그 뒤로는 훨씬 더 도달하기 어려운 미래가 된다는 걸 깨닫기까지 오랜 시간이 걸렸다.

어떻게 보면 지금 내가 일하는 환경이나 방식은 그 시절보다 훨씬 더 불안정하다. 사업 규모가 작디작은 1인 자영업자에, 스스로에게 적절한 월급을 주지 못할 때도 많은 데다, 업무 시간을 비교적 자유롭게 꾸릴 수 있다는 점을 제외하면 복지라고는 없다. 함께 일하며 고민을 나누거나 서로에게 배울 수 있는 동료도 직접 구해야 한다. 좋은 일, 좋은 삶의 모양이라고 배우고 믿어 왔던 것과는 어쩐지 점점 더 멀어지고 있다. 그렇지만 이것도 나름대로 나쁘지 않다고 생각한다. 내가 다른 줄거리를 써 내려가고 있다는 사실이 꽤 흡족하다.

"도대체 장사를 왜 하려고 그래?"
"엄마도 하잖아."
"먹고살 게 없으니까 하는 거야."
"나도 그래. 나도 먹고살 게 없어."

이서수, 『마은의 가게』
(문학과 지성사, 2024)

커뮤니티 멤버들과 일과 돈, 회사와 동료, 즉 삶에서 생각보다 큰 비중을 차지하는 것들에 관해 이야기를 나눴다. 나는 이런 질문들을 준비했다. 돈이 더 있으면 좋겠다고 생각해 본 적이 있나요? 먹고사는 문제가 해결된다면, 무엇을 하거나 하지 않고 싶나요? 먹고사는 문제가 해결된다고 해도 일을 완전히 그만두겠다는 답은 의외로 나오지 않았다. 대신 '일은 그대로 하되 조금 더 가치 지향적인 일에 시간과 에너지를 쓰고 싶다', '일하면서 조금 더 여유로운 마음을 갖게 될 것 같다'는 이야기가 나왔다. 누군가는 이런 말을 했다. "먹고사는 문제가 해결된다면 서울에 살지 않을 거예요." 높은 집값을 감당하기 위해 뼈 빠지게 일하며 살지 않겠다는 뜻이었다.

'먹고사는 문제가 해결된다면'이라는 질문을 던질 기회가 별로 없다. 모두에게 매우 중요한 질문임에도 말이다. 생계를 위해 일하지 않아도 된다면, 모두에게 기본적인 생활비가 주어진다면 그다음은 각자 정말 하고 싶고 원하는 것을 자연스럽게 찾아보지 않을까? '먹고사는 문제가 해결된다면'이라는 것은 개개인이 품은 중요한 욕구를 들여다볼 수 있는 상상이다.

가끔 내가 진짜 원하는 것을 고민하면서 평생을 보내고 있다는 생각이 든다. 주변을 둘러봐도 거의 비슷한 것 같다. 많은 사람이 진짜 나의 욕구를 고민해 볼 시간과 기회도 없이 그저 일한다.

그러니 더더욱 집요하게 물어야 한다. 먹고사는 문제가 해결된다고 해도 나는 이런 선택을 할까? 여전히 이 일을 하고 싶을까? 이 질문을 통해 자신에 관해 꽤 많은 사실을 알게 될 것 같다.

우리가 우리 시간의 대부분을 자유롭게
사용할 수 없다는 사실은 숙명적인 것이 아니라
바꿀 수 있는 사실이다.

테레사 뷔커, 『시간을 잃어버린 사람들』
(김현정 옮김, 원더박스, 2023)

몇 년 전 기본소득'청소년'네트워크Basic Income Youth Network(이하 BIYN)에 가입했다. BIYN은 모든 국민이 조건 없는 기본소득을 받아야 한다는 의제를 가진 단체로, 이곳에 가입한 이유는 명확했다. 기본소득을 추구한다는 건 곧 노동 시간 줄이기를 추구한다는 뜻이고, 적어도 그 말은 '모든 사람이 각자의 시간을 자신이 원하는 방식으로 구성하는 삶을 목표로 한다'는 의미로 여겨졌기 때문이다. 회사에 다닐 때는 내가 어떻게 살고 싶은지 고민해 볼 틈조차 없어 잘 몰랐는데, 나는 시간을 내 마음대로 쓰고 싶은 사람이었다. 프리랜서로 살아 보니 그동안 출퇴근 시간이 있는 생활을 어떻게 버텨 냈나 싶을 정도로 일 때문에 묶여 있어야 하는 상황을 못 견디는 타입이었다.

뭉뚱그려 '일하지 않는 시간'이 아니라, 내게는 정말 다양한 종류의 시간이 필요하다. 그걸 아는 데 아주 오랜 세월이 걸렸고, 지금도 계속 알아 가고 있다. 친구와 가족들을 만나고 돌볼 시간. 좋아하는 책에 마음껏 푹 빠져 있을 시간. 내 손으로 직접 식사를 차려 먹을 시간. 좋은 날씨를 만끽할 수 있는 시간. 청소와 빨래를 하고 집 구석구석을 깨끗하게 돌볼 시간. 고양이들 빗질을 해 주고 예뻐하고 놀아 줄 시간. 세상의 소식에 귀 기울이고 감정과 에너지를 쓸 수 있는 시간. 혹은, 이 모든 것을 하지 않고 가만히 앉아 시간을 낭비할 시간. 일하는 시간을 줄이면 할 수 있는 것이 너무너무 많다.

실은 일하는 걸 그리 좋아하지 않고, 일하는 시간을 최소한으로 유지하고 싶다고 말할 때마다 여전히 마음이 조금 쪼그라든다. 남들이 나를 불성실한 사람으로 볼 것 같아서다. 그럴 때면 시간을 어떻게 구성할지 직접 고민하고 행동하는 게 내 방식의 성실이라고 말하고 싶다.

중요한 것은 정규직이나 비정규직이라는
이름이 아니라 자신이 무엇을 해야 하는지,
어떤 사람으로 살고 싶은지에 대한 고민이었다.

천주희, 『회사가 괜찮으면 누가 퇴사해』
(바틀비, 2019)

같이 살던 사람과 싸울 때마다 화두는 하나였다. 그는 일을 해서 돈을 모으고, 그 돈으로 아파트를 사고, 아파트 가격이 오르면 팔아서 생활의 토대를 다지고 싶다고 말했다. 직장인으로 착실히 살아도 노후가 불안한 시대에, 게다가 모두가 영혼을 끌어모아서라도 '내 집'을 사야 한다고 목소리 높이는 때에 자못 당연한 생각이었다. 그의 일터에서는 부동산과 주식, 골프 이야기가 주로 오간다고 했다. 내 생각은 좀 달랐다. 아파트를 갖기 위해, 더 구체적으로는 어마어마한 대출금을 갚느라 점점 더 열심히 일해야 하는 식으로는 살고 싶지 않다고 말했다. 불안함을 잠재울 경제적 토대를 먼저 만드는 것이 중요하며 일은 그것을 위한 수단이라고 믿는 사람과, 어떻게 살 것인지를 결정하고 그것을 일에도 반영해야 한다고 믿는 사람의 해결되지 않는 갈등이었다.

주변에서 '꿈이 뭐야?' 혹은 '뭐가 되고 싶어?'라고 물어보면 딱히 할 말이 없다. 일로써 이루고 싶은 것도, 꼭 달성하고 싶은 꿈도 없어서다. 대신 이런 이야기는 할 수 있다. 썩 내키지 않는데도 타율에 의해 해야 하는 일을 되도록 하지 않으며 살고 싶다. 일 때문에 다른 즐거움을 접어 둬야 하는 삶이 아니면 좋겠다. 이윤과 생산성을 중심으로 삼고 싶지는 않다. 무엇보다 경제적 자유를 얻어 가능해질 '나중의' 삶을 위해 지금을 희생하는 방식으로 살고 싶지는 않다.

이제 나는 무엇이 되고 싶은지 생각하지 않는다. 다양한 일을 거쳐 보았기 때문일 수도, 웬만큼 경력이 쌓였기 때문일 수도 있다. 어떻게 살고 싶은지 고민하는 게 무엇이 되고 싶은지 고민하는 것보다 어렵지만 중요하다는 걸, 늦게라도 알게 돼서 다행이다.

일하는 사람으로서 내가 서울이 아닌 곳에서
무엇을 할 수 있는가 질문했을 때
답이 없다는 게 가장 두려웠다.

김희주, 『서울이 아니라면 나는 무엇을 할 수 있을까』
(일토, 2022)

취직과 함께 서울로 온 지 10년이 넘었다. 숨만 쉬고 살아도 적지 않은 돈이 나간다는 이런 도시에서 잘도 버텼구나 싶다. 스무 살, 고향인 부산에 있는 대학에 입학한 후 학과 인터넷 카페에 내가 제일 먼저 남긴 질문은 "이 학교를 졸업해도 서울에 있는 회사에 취직이 가능한가요?"였다. 돌이켜 보면 어이없고 우스꽝스러운 질문이지만, 그때 나는 진지했다. 이 정도로 서울에 집착했으니 힘들다고 서울을 훌쩍 떠날 수 없었던 건 어쩌면 당연하다.

그동안 복잡한 서울 지하철 노선도에도 익숙해졌다. 이제는 다른 지역에 갔다가 서울로 돌아오면 안정감과 편안함을 느낀다. 그런데 얼마 전부터는 서울 바깥의 삶을 상상하기 시작했다. 생활비가 좀 덜 드는 지역으로 이주한다면, 그래서 일을 덜 할 수 있다면, 일에 썼던 시간을 다른 활동에 쓸 수 있다면 내 삶은 어떻게 바뀔까? 지금과 다르게 살 수 있다고 생각하자 기대로 가슴이 부풀었다. 서울이 아니라 어디라도 괜찮을 것 같았다.

하지만 '일'을 떠올리자 머릿속이 복잡해졌다. 여기서 하던 일은 어떻게 정리하거나 이어 나가야 할지, 다른 곳에서는 어떤 일을 할 수 있을지, KTX가 다니는 지역으로 가야 하는 건 아닐지… 그동안 내가 해 왔던 일들은 대부분 서울의 자원 위에서 가능한 것들이었고, 나는 이주 후의 일들도 그 자원에 기대는 방식으로만 상상하고 있었다.

'그냥 서울을 떠나고 싶어서' 말고, 떠나야 하는 이유를 조금 더 구체적으로 고민해 보기로 했다. 내가 궁극적으로 하고 싶은 일은 무엇인지, 그리고 나는 어떻게 살고 싶은 것인지, 그렇게 일하고 살기 위해서는 어디로 가야 할지. 그간 바쁘다는 핑계로 모른 척해 왔던 질문과 직면할 시간이다.

우리는 일을 너무 많이 해서 의미 있는
시간을 갖지 못할 때 소비로 과도하게
자신에게 보상하려 한다.

벨 훅스, 『당신의 자리는 어디입니까』
(이경아 옮김, 문학동네, 2023)

요즈음 간식을 자주 먹는다. 특별히 살 게 없으면서도 쇼핑몰 앱을 열어 한참을 구경하는 시간도 늘었다. 일이 많아졌기 때문이다. 해야 하는 일들로 스트레스 지수가 치솟을 때 가장 빠르게 보상하는 방법은 앞서 언급한 두 가지다. 자극적인 음식을 먹는 것. 평소 갖고 싶었던 물건이나 딱히 갖고 싶진 않았지만 뭐라도 사고 싶은 마음을 달랠 수 있는 무언가를 사는 것.

일 때문에 잠을 제대로 못 자는 날이 많았을 때는 억울의 화신이었다. 밤늦게 음식을 배달시켜 먹으면서 나는 이 시간까지 일하고 있으니 먹을 자격이 있다고 생각했다. 옷과 신발을 사고 비싼 음식점에 가고 여행을 가면서 이건 전부 내가 노력한 결과이니 누려 마땅하다고 믿었다. 버는 돈이 적으면 '이렇게 열심히 일했는데 기본적인 생활에만 돈을 쓰는 게 싫어서', 약간의 여유가 생기면 '이걸 누리려고 일했으니까'라며 소비를 일삼았다.

오늘날 노동과 소비는 끈끈하게 이어져 있다. 노동에 지친 사람들은 쉽게 소비하는 사람이 되고, 노동과 소비 사이를 끊임없이 왕복하다 보면 노동 시간을 줄이거나 노동 환경을 바꿔야겠다고 생각하지 못한다. 돈을 많이 버는 사람은 그만큼 성실하게 일한 것이고, 그러니 좋은 것을 많이 누리는 게 당연하다고 생각하기도 쉽다. 한 사람의 성실의 정도와 벌이가 반드시 비례하는 건 아닌데도 말이다.

그렇다면 풀어야 할 숙제가 남는다. 일하다 스트레스를 받을 때는 당장 뭘 해야 할까? 일단 내가 찾은 방법 중 하나는 고양이를 천천히, 오래 쓰다듬는 것이다. 문제는 고양이와 함께 살지 않거나, 재택근무를 하지 않는 경우다. 그런 분들께는… 심심한 위로를 전한다.

할 때는 한 티가 잘 안 나지만 안 하면
안 한 티가 마구 나는 게 집안일이다.

이지수, 「대체로 무기력하지만 간혹 즐겁게」,
『할 수 있는 일을 하고 있습니다』
(김규림 외 9인 지음, 세미콜론, 2021)

인생에서 가장 바빴던 시기, 원룸에 살았다. 밤샘 마감을 반복하다 보니 싱크대에는 씻지 않은 그릇들이 쌓였고, 방바닥은 고양이용 모래로 버석거렸다. 엄마가 보낸 반찬은 비닐봉지에 그대로 싸여 냉장고 안에서 상해 갔다. 심지어 먹다 남긴 배달 음식이 음식물 쓰레기봉투에 담긴 채 액체도 고체도 아닌 무언가로 변해 가며 악취를 피우기 일쑤였다. 방과 주방이 분리되지 않은 공간이라 이 모든 재앙을 모른 척하기란 불가능했으나, 일하기에도 시간이 모자란다는 핑계로 집안일은 늘 뒷전이 됐다. 나 자신과 집을 돌보는 일을 '감히' 돈 버는 일 앞에 둘 수 없었다.

집안일을 할 시간과 기력이 없다는 건, 내게는 삶이 엉망으로 돌아가고 있다는 신호다. 세탁 바구니에 빨랫감이 가득 쌓여 있을 때, 언제 샀는지 모를 재료들이 냉장고 한구석에서 상해 갈 때, 수건을 건조기에서 바로 꺼내 써야 할 때, 고양이 털 뭉치가 집 안에 데굴데굴 굴러다닐 때, 그럴 때면 뭔가 잘못되었다는 걸 실감한다. 일도 결국 잘 살자고 하는 것인데, 아이러니하게도 일하느라 나를 제대로 먹이고, 깨끗하게 단장시키고, 청결한 환경에서 지내게 하는 데 실패하는 셈이다. 요즘 젊은 세대가 스스로 돈을 벌어도 부모님 집을 떠나지 않는 이유에 대해 이런저런 분석이 나오는데, '가사 노동을 직접 할 시간적 여유도 육체적 에너지도 없다'는 것도 이유 중 하나가 아닐까 생각한다.

아무튼, 집이 어딘가 어수선하고 꼬질꼬질해질 때면 '일을 줄여야 하는 상황이구나'라고 짐작한다. 의식적으로 일을 덜 받고 책상 앞에서 일어나 몸을 움직인다. 따뜻한 물로 그릇을 뽀득뽀득 씻어 말리고, 냉장고에 있는 재료들을 탈탈 털어 요리를 하고, 여기저기 쌓인 먼지를 털어 낸다. 그제야 비로소 제대로 살고 있다는 안도감이 든다.

일이 아닌 데다 에너지를 들이는 것,
사람들은 그런 것을 가리켜 흔히 사치라 한다.

류은숙, 『아무튼, 피트니스』
(코난북스, 2017)

일이 한창 바쁠 때, 일 때문에 힘들 때일수록 일이 아닌 곳에 에너지를 들이려는 경향이 있다. 첫 번째 시도는 피아노 배우기였다. 동네 피아노 학원을 샅샅이 뒤져 성인반이 있는 곳을 찾았다. 퇴근 시간이 되면 노트북에서 깨끗이 손을 떼고 일어나 가방을 챙겨 학원으로 향했다. 「반짝반짝 작은 별」이나 「어린이 왈츠」 같은 곡들을 한 시간 동안 열심히 연습한 다음 한결 개운해진 마음으로 집에 돌아왔다. 이걸 배워서 어디에 써먹어야겠다는 계획도, 어느 단계까지는 치고 싶다는 목표도 없었지만 피아노를 치는 게 그냥 좋았다.

두 번째 시도는 수영이었다. 대부분의 운동이 그렇긴 하지만, 특히 수영은 아주 많은 시간을 필요로 한다. 수영장에 조금 일찍 도착해 깨끗하게 샤워를 하고, 수영복으로 갈아입고, 수영을 배우고, 다시 깨끗하게 샤워를 하고, 머리카락을 대강 말리고 집으로 돌아오려면 하루에 세 시간은 비워 놔야 했다. 게다가 수영을 더 잘하고 싶다는 생각에 틈틈이 각종 유튜브 영상을 찾아보느라 잠들기 전까지 머릿속이 수영으로 가득 차 있는 날도 많았다. 대회에 나갈 것도 아니면서 말이다.

요즘은 피아노도 수영도 하지 않는다. 그렇지만 원점으로 돌아간 건 아니다. 악보만 볼 때는 '이게 무슨 곡이지?' 했다가 겨우겨우 쳐 내고 나면 '이게 이 노래였구나!' 하게 되는 쾌감, 레인을 몇 번만 오가도 심장이 터질 것 같다가 어느 날부터 열번을 넘게 오가도 그리 힘들지 않다는 걸 깨달았을 때의 뭉클함을, 나는 안다. 그건 피아노와 수영에 애써 시간과 에너지를 쓰지 않았다면 몰랐을 감각이다. 때로는 이런 종류의 사치가 우리를 바꿔 놓는다.

오늘 스키는 이것으로 충분하고, 내 삶은
이런 즐거움이 있다는 것만으로 충분하다.

제현주, 『일하는 마음』
(어크로스, 2024)

덥고 끈적이는 게 싫어 여름을 그리 좋아하지 않는데도 매년 여름을 기다린다. 한강 수영장이 개장하기 때문이다. 훈련하듯 숨가쁘게 레인을 오가야 하는 실내 수영장과 달리 야외 수영장에서는 여유롭게, 아무렇게나 헤엄칠 수 있는 데다 수영을 잘 못하는 친구들과도 함께 즐길 수 있고, 무엇보다 컵라면도 먹을 수 있다. 지난 여름에도 개장 소식이 들려오자마자 잽싸게 수영장으로 달려갔다. 비가 예보되어 있어 조금 춥고 흐린 날이었다. 사실 나는 비 오는 날이나 흐린 날 수영하는 걸 좋아한다. 해가 뜨겁지 않아 피부가 덜 타고 수영장에 오는 사람도 적으니까. 그날도 추위에 살짝 떨면서 붐비지 않는 물속을 자유롭게 누볐다. 친구가 찍은 사진 속의 나는 온 얼굴로 행복하게 웃고 있었다.

수영을 아주 잘한다거나 안 하면 못 견딜 만큼 중요한 취미라고 말하기에는 머쓱할 정도로 가끔 수영장에 가지만, 수영은 일하는 나의 곁을 오랫동안 지킨 운동이다. 마감과 또 다른 마감, 새로운 마감으로만 일상이 돌아갈 때 처음 수영을 배웠고, 이제 막 프리랜서가 되어 돈은 없고 시간과 불안은 넘쳐날 때 한강 수영장과 친해졌으며, 일이 잘 안 풀릴 때는 점심시간을 쪼개어 자유 수영을 하러 가곤 했다. 수영은 언제나 도피처가 되어 주었다. 내가 일과 관계 맺어 온 시간을 말하면서 수영을 빼놓을 수는 없다.

한때는 그런 수영조차 더 잘하고 싶어 발을 동동 굴렀다. 매번 기록을 체크하고 영법을 점검했다. 수영마저도 성과의 영역으로 밀어 넣어서는 안 된다는 걸, 그건 나의 도피처이자 안식처를 내 손으로 무너뜨리는 일이라는 걸 이제는 안다. 잘하든 아니든 순수하게 즐거울 수 있는 영역을 필사적으로 확보해야겠다고, 아주 오랜만에 수영장에 드러누워 다짐했다.

요즘 나에게 유용한 것은
에어플레인 모드의 시공간이다.

김지선, 『내밀 예찬』
(한겨레, 2022)

휴대폰의 메일 수신 알람을 꼭 켜 놓는다. 중요한 메일이 왔을 때 놓치고 싶지 않아 꽤 오래전부터 유지해 온 습관이다. 하지만 메일함에 '중요한' 메일이 도착하는 일은 매우 드문지라, 알람을 자주 뜨게 만드는 건 각종 광고 메일이다. 그럼에도 일을 하다가, 휴대폰을 보다가 메일 수신 알람이 뜨면 깜짝 놀란다. 그리고 알람창을 클릭해 메일함에 접속한다. 광고 메일이라면 얼른 지우고 싶어서, 기다렸던 회신이나 뜻밖의 제안이라면 빨리 확인하고 싶어서다. 이런 식으로 하루에 몇 번씩 메일함을 들락날락하다 보면 하던 일이나 이어 가던 생활의 흐름이 뚝뚝 끊기는 걸 느끼곤 한다. 반드시 메일을 제때 확인해야 한다는 강박을 없애 보고자 한때는 수신 알람을 꺼 보기도 했다. 나는 알람이 오지 않으면 더 집착적으로 메일함을 열어 보는 사람이란 걸 그때 알았다.

나처럼 아이폰을 쓰는 한 친구는 진짜 중요한 이들의 연락만 받을 수 있게 언제나 휴대폰을 '방해금지 모드'로 둔다고 했다. 방해금지 모드를 사용하면 내가 즐겨찾기를 해 둔 연락처에서 전화나 문자가 왔을 때만 알람이 뜬다. 에어플레인 모드가 비행기를 탔을 때처럼 인터넷을 아예 차단하는 방식이라면, 방해금지 모드는 모든 연락이 오고 있지만 알람이 뜨지 않기 때문에 그 사실을 휴대폰 사용자가 알 수 없는 방식이다. 방해금지 모드로 지내도 별일이 생기지 않는다는 친구의 말을 듣고 요즘에는 나도 가끔 방해금지 모드를 설정해 둔다. 불안 때문에 아직 하루 종일은 어렵지만, 매일 한두 시간쯤은 괜찮다. 방해금지 모드로 지내는 그 시공간이 내게도 숨 쉴 틈이 된다. 메일을 바로 읽지 않아도, 전화나 문자를 놓쳐도 큰일이 벌어지지 않는다는 사실에 익숙해지는 중이다.

깨어 있는 내내 생계를 위해 일할 수 있게 된 상황에서, 여가 시간까지 페이스북과 인스타그램의 '좋아요' 숫자로 수치화된다.

제니 오델, 『아무것도 하지 않는 법』
(김하현 옮김, 필로우, 2021)

인스타그램을 하고 싶지만 하고 싶지 않다. 그곳에 보이는 삶이 타인의 전부가 아니라는 사실을 알면서도, 가끔씩은 다들 나보다 재미있게 살고 있는 것 같아서, 멋있고 의미도 있는 데다 돈까지 많이 버는 일을 하고 있는 것 같아서 부러움에 사로잡힌다. 누군가는 나를 보며 그런 기분을 느낄 수도 있으니 인스타그램에 게시물을 올릴 때는 평소보다 신중해진다. 내가 쓴 책이 곧 출간된다는 소식을 알려도 될까? 너무 내 성취를 자랑하는 것처럼 보이진 않을까? 일에 대한 고민이나 생각을 써서 올려도 될까? 일에 미쳐 있는 사람처럼 보이진 않나? 친구들과 함께한 여행 사진을 올리는 건 어떨까? 친구가 많다고 자랑하는 사람 같지 않을까? 남들은 힘들게 일할 때 놀러나 다니는 사람으로 여겨지진 않을까? 그렇게까지 사사건건 고민되면 인스타그램을 안 하면 되는 거 아니냐고 생각할지도 모르겠다. 그 말이 맞다. 하지만 우습게도, 인스타그램을 하지 않으면 세상에 내가 존재한다는 사실을 다른 사람들이 까먹을 것만 같다.

오래 고민해서 게시물을 올려도 그걸로 끝나는 게 아니다. 그때부터는 내 게시물의 성과를 확인하느라 분주하다. '좋아요'는 몇 개가 눌렸는지, '저장'을 한 사람은 몇 명인지, 누가 댓글을 달았는지 보느라 거의 1분에 한 번씩 인스타그램을 열어 본다. 기대한 만큼의 반응이 없으면 사진을 더 잘 고르거나 글을 더 잘 써야 했나 후회스럽고, 반응이 열렬하면 괜히 뿌듯해진다.

웃긴 건 반응이 좋든 아니든 이 과정을 반복하고 나면 어김없이 피곤하다는 사실이다. 시간과 에너지를 써야 하는 노동이기 때문이다. 이 고단한 노동의 굴레에서 어떻게 벗어날 수 있을까? 계정을 만든 그 순간부터 나는 이미 망한 걸까?

프리랜서의 삶이야말로 창조경제가 아닐 수 없다.

윤이나, 『미쓰윤의 알바일지』
(미래의창, 2016)

"사서님, 안녕하세요! 지난해 강연 건으로 메일 주고받았던 황효진입니다. 그간 잘 지내셨나요? 새해 복 많이 받으세요. 한 해를 돌아보다 문득, 주셨던 제안에 응하지 못했던 일이 떠올라 다시 메일을 드려요. 혹시 올해는 강연 계획이 없으신지 궁금해요. 제가 함께할 수 있는 일이 없을지 여쭤봅니다."

1년 전 일 때문에 연락을 주고받았던 분에게 먼저 메일을 보냈다. 일이 없는 나날이 이어지던 연초, 가만히 앉아 불안해하지만 말고 뭐라도 먼저 움직여 보자 싶었다. 많은 기관에서 매년 초 그리고 9월에 상하반기의 굵직한 계획을 세운다. 이미 상반기 일정이 다 확정됐으면 어쩌나 하고 마음을 졸이며 메일을 보냈는데, 놀랍게도 '마침 강연을 기획하는 중이라 함께 진행해 볼 수 있을 것 같다'는 답장이 돌아왔다. 이거구나, 이래서 먼저 제안하는 것도 프리랜서(와 개인사업자)에게 중요하다고 얘기하는구나. 주로 들어오는 일을 기다리는 방식으로 살아왔던 터라 생전 처음 내가 먼저 제안을 하고 그것이 좋은 결과로 돌아왔다는 사실에 가슴이 벅차올랐다. 실제로 그 일을 통해 내가 벌게 될 돈은 한 달 치 월급이 될까 말까 했지만, 기분상으로는 일 년 치 연봉을 벌어들인 듯했다.

운이 좋았다는 걸 안다. 마침 지난해 아쉽게 하지 못한 일이 있었고, 담당자가 나에게 호의적이었고, 타이밍이 맞아 도서관의 강연 일정이 확정되기 전에 연락을 주고받을 수 있었다. 다음번에도 또 이런 식으로 일을 할 수 있을 거라는 보장은 없다. 그래도 새로운 일을 직접 만들어 본 경험 그 자체가 위태로운 개인사업자의 삶을 버텨 나갈 용기가 된다.

일할 때의 거절은 내 영역을 지키겠다는 선긋기다.

황선우, 『사랑한다고 말할 용기』

(책읽는수요일, 2021)

프리랜서 생활 초반에 꽤나 어려웠던 것이 거절이었다. 회사에 속해 있을 때는 주어진 일을 그냥 하면 됐지만 프리랜서가 되자 일을 고를 자유도 나에게, 결과를 감당할 책임도 나에게 있었다. 일을 많이 받으면 수입도 늘지만 그만큼 몸과 정신이 축나고, 일을 받지 않으면 몸은 편하지만 생활의 곤궁을 감내해야 했다. 들어오는 일을 어쩔 수 없이 거절할 때마다 걱정에 휩싸였다. '다시는 나한테 일을 주지 않으면 어쩌지?' 그때쯤 『혼자를 기르는 법』을 그린 김정연 작가가 이야기한 '재미와 의미, 돈 세 가지 중 두 가지 이상을 충족하는 일을 하려고 한다'는 원칙을 접했고, 큰 감명을 받아 나 역시 그 기준에 따라 보겠다고 결심했다. 그리고 곧 알게 됐다. 재미와 의미, 돈 중 두 가지를 충족하는 일은 생각보다 많지 않다는 사실을… 현실은 '돈'만 충족해도 허겁지겁 받게 된다는 사실을….

요즘도 들어오는 일을 거절하는 경우는 흔치 않다. 예전에 비해 일하는 노하우가 더 생겼고, 어느 정도는 내가 잘할 수 있고 좋아할 만한 일들이 주로 들어오기 때문이다. 그래도 아주 가끔은 거절의 기술을 발휘해야 할 때가 있는데, 기준을 두는 게 오히려 나에게는 더 큰 스트레스라는 걸 알게 되어 그때그때 상황에 맞게 판단한다. 때로는 빈약한 통장 잔고 탓에 돈만 보고 일을 받아야 하고, 때로는 책정된 작업비는 적지만 한 번도 해 보지 않은 일이거나 나름의 의미를 찾을 수 있는 일이기에 받기도 한다. 할 수 있는 일이지만 일정이 도저히 허락하지 않아 제대로 해낼 수 없을 것 같을 때는 하지 않는다. 이때 중요한 건 거절의 의사를 상대방에게 반드시 전달하는 일이다. 거절하기 어렵다고 무응답으로 대응하는 것이야말로 다음 기회를 기약하기 어려워지기 때문이다.

과로를 일삼는 작업자의 달력은 월요일로 시작되고,
월요일로 진행돼서, 월요일로 마무리된다.

구구·서해인, 『작업자의 사전』

(유유히, 2024)

프리랜서로 일하면서 한동안은 요일 감각이 희박했다. 평일 낮에도 아무렇지 않게 카페에 가서 시간을 보내거나 보고 싶은 영화를 보고, 혹은 주말에도 쌓인 일을 차례대로 해치우느라 책상 앞을 지켜야 하는 경우가 많았기 때문이다. 그러다 보면 '쉬는 날 왜 내가 일을 해야 하지?'라는 억울함도 사라졌다. 왜냐하면 평일에 쉬었으니까….

요즘에는 의외로 평일과 주말의 구분을 뚜렷하게 느낀다. 기준은 내가 아니다. 다른 사람들이다. 커뮤니티에서는 멤버들 대부분이 평일에 일하고 주말에 쉬는 직장인이므로 그에 맞추어 필요한 메시지를 공유한다. 협업하는 사람들이 논의 사항을 회의에 가져가서 빠르게 결정할 수 있도록 월/화요일 중에는 필요한 내용을 보내고, 마무리해야 하는 일이 있다면 검토하는 시간을 확보할 수 있도록 보통 목요일, 아무리 늦어도 금요일 오전까지는 결과물을 주려고 한다. 상황이 이러니 1인 자영업자에게도 평일은 평일, 주말은 주말이고 평일보다는 당연히 주말이 좋다.

주말이 좋은 가장 큰 이유는 일 관련 연락이 없어서다. 금요일 점심때까지는 조금 긴장한 상태로 지내다가, 어디서도 연락이 오지 않은 채로 퇴근 시간이 다가오면 마음이 놓인다. 이렇게 또 한 주가 무사히 지나갔구나. 주말 동안은 혼자 해야 할 일들을 하고, 신나게 놀거나 한없이 늘어져 있으면 된다. 다가올 한 주의 일들을 떠올리며 막연한 불안에 휩싸이는 일요일 밤이 되기 전까지는.

몇 년 전, 프리랜서로 오래 일했던 지인이 해 준 말이 떠오른다. "프리랜서의 시간은 본인 게 아니에요. 다른 사람들 거죠." 나는 그 말의 뜻을 정확히 이해한다.

재택근무를 한마디로 표현한다면
회사에서 해방되는 인생이라는 '새로운 선택지'다.

고야마 류스케, 『재택 HACKS』
(이정환 옮김, 안그라픽스, 2020)

사무실이 따로 있지만 보통 집에서 일한다. 아침에 눈을 뜨면 잠자리를 정리하고, 밤새 마른 그릇을 제자리에 넣고, 세탁기를 돌리고, 뜨거운 커피와 함께 간단히 아침을 먹는다. 이 모든 것을 다 하고 나서 비로소 일에 착수한다. 날씨가 너무 좋아서, 월경 직전이라, 해야 할 집안일이 많아서 같은 이유로 일에 집중하기 어려운 때도 있지만 처음 재택근무를 시작했던 때에 비하면 '일터에 출퇴근하지 않는 나'를 다루는 데 준프로 정도는 되었다고 할 수 있겠다.

몇 년 전, 다니던 회사를 그만두고 프리랜서가 된 첫날엔 정해진 시간, 정해진 공간에 묶여 있지 않아도 된다는 사실이 그저 기뻤다. 프리랜서가 됨으로써 마침내 회사에서 해방된 것이다. 그러나 곧, 그 '해방된 나'를 다루는 데 문제가 생겼다. 하루 종일 씻지 않고 밥도 제대로 챙겨 먹지 않은 채 방에 누워 있다 보면 할 일은 점점 밀리고 의욕은 점차 떨어졌다. 일단 아침에 일어나면 샤워부터 해야 하루를 잘 시작할 수 있다던 어느 선배 프리랜서의 조언을 받아들여 생활에 적용하기까지 많은 시행착오를 겪어야 했다.

코로나19 시기를 지나면서 재택근무를 경험한 사람도, 지속 중인 조직도 많다. 나 역시 하는 일과 소속은 조금씩 달라졌지만 변함없이 재택근무를 하는 중이다. 고야마 류스케는 재택근무란 "'누구를 위해 일을 하는가, 무엇을 위해 일을 하는가?'라는 물음에 새로운 방식의 답을 제시"하는 것과 관련 있다고 썼다. 이 말에 부분적으로 동의한다. 재택근무는 '이렇게까지 일과 생활의 경계를 흐리면서까지 내가 하고 싶은 일은 무엇인가?'를 스스로 질문하게 한다. 그만큼 쉽지 않다는 뜻이다.

우리의 경제는 긱 경제가 아니다. 항상 미친 듯이
다음 임시 일자리를 찾는 경제다.

앤 헬렌 피터슨, 『요즘 애들』
(박다솜 옮김, 알에이치코리아, 2021)

'평생직장'이라는 표현에 대해 생각한다. 입버릇처럼 "평생직장이 사라진 시대니까…"라고 말해 왔는데 어느 날 문득 그 말이 이상하게 느껴졌다. 정말 예전에는 모두에게 평생직장이 주어졌나? 당장 내 부모님만 떠올려도 그렇지 않다. 직장도, 직업도 계속 바뀌었다. 게다가 출산과 육아, 그 외 돌봄 노동으로 인한 경력 단절을 겪은 사람이라면 평생직장을 갖기란 언제나 요원했을 것이다.

다만 요즘은 '평생직장이 드문 건 당연한 일이니 개인은 이런 노동 환경을 받아들여야 하고, 더 나아가 뛰어난 개인이 되어서 이런 시대를 슬기롭게 헤쳐 나가야 한다'는 메시지가 훨씬 더 노골적으로 드러난다. 불안정한 상황 속에서 항상 미친 듯이 다음 임시 일자리를 찾는 건 당연하다고, 임시 일자리와 또 다른 임시 일자리를 이어 붙이며 살아가는 게 지금의 라이프스타일이라고, 그게 바로 '긱'geek이라고 말이다.

그 속에 섞여서 나도 모르게 이제는 직장이 아니라 직업을 가져야 한다고, 말하다가도 이런 관점이 과연 개인들로부터 시작된 것인지, 일하는 사람들을 보호할 의향이 없는 기업이나 사회로부터 시작된 것인지 고민하느라 골똘해진다. 평생직장이 환상이라면, 조직도 평생 고용을 보장할 수 없다면, 개인이 감당해야 하는 불안을 줄이는 방법에 관해 더 많이 이야기해야 하지 않을까?

일에 관해 고민하면 할수록 별 고민 없이 해 왔던 말들, 일을 바라봤던 관점 등 모든 것을 다시 낯설게 봐야겠다는 마음이 든다. 정답을 찾고 싶은 게 아니라 하던 대로 생각하기는 싫어서다.

노동이 기존의 표준화된 모습과는
다르게 변화하는 현상을 '액화노동'이라는
개념으로 설명할 수 있다.

이승윤, 『보이지 않는 노동자들』
(문학동네, 2024)

걸그룹 뉴진스의 멤버 하니가 직장 내 괴롭힘을 당했다고 제기한 민원에 대해 고용노동부가 "(하니를) 근로기준법상 근로자로 보기 어렵다"는 입장을 내놨다. 하니가 회사와 대등한 계약 당사자의 지위에 있었으며, 회사 취업규칙 등 사내 규범, 제도나 시스템을 적용받지 않았고, 사업소득세를 납부하며, 활동을 통한 이윤 창출과 손실의 초래 등 위험을 스스로 안고 있다고 본 것이다.

이런 결론이 남 일처럼 느껴지지 않았다. 나 역시도 근로기준법으로 따지자면 근로자가 아니기 때문이다. 나는 계약을 통해 파트너들과 일하고, 근로소득세가 아닌 사업소득세를 납부한다. 당연히 다른 회사와 일하더라도 그곳의 제도나 시스템을 적용받지 않으며, 일을 통해 돈을 벌든 까먹든 책임은 내게 있다. 그렇다고 실제로 내가 계약한 회사와 나 사이에 위계가 작동하지 않을까? 일하다 괴롭힘을 당하거나 피해를 입을 경우, 근로자가 아닌 나는 어디서 보호받아야 할까? '연예인'이라는 하니의 특수한 직업 때문에 눈치채기 어려울 뿐, 불안정한 환경에서 노동을 하고 있다는 점에서는 하니도 나와 크게 다르지 않다.

이승윤 중앙대 사회복지학부 교수는 점점 더 불안정해지는 노동을 '액화노동'Melting Labor이란 개념으로 설명하는데, 이 노동은 "근로기준법에 규정된 일의 방식과 작업장의 범위 그리고 정해진 노동시간, 고용주와 노동자의 명확한 관계에서 벗어나" 있다. 프리랜서, 플랫폼 노동자, 유튜버, 배달앱 라이더 등의 노동자들이 모두 액화노동을 하는 것이다. 일의 형태와 방식은 변하는데, 법은 언제까지 멈춰 있을까. 노동자/근로자의 정의가 바뀌어야 한다.

아침에 일어났을 때 세상이 멀쩡하다면,
자는 동안 우린 그만큼 다른 이의 노동에 빚진 것이다.

조경숙, 『액세스가 거부되었습니다』
(휴머니스트, 2023)

"자는 동안 돈 들어오게 해 주세요." 꽤나 오랫동안 이런 소원을 빌었다. 스타트업 업계에서 말하는 '비즈니스 모델'이 저 말과 다르지 않다는 걸 알게 된 이후로 그랬다. 비즈니스 모델이란 이런 것이다. 창업자가 직접 노동하지 않아도 사업이 굴러간다→거기서 수익이 발생한다→사업이 굴러가며 스스로 덩치를 키워 규모가 배로 커진다. 스타트업의 모범적인 성장 그래프를 'J 커브'라고 하는데, 이 또한 어느 순간 폭발적으로 수익과 규모가 늘어나는 성장세를 가정한다. 이 논리에 따르면 커뮤니티를 만들거나 글을 쓰는 등 내가 하는 대부분의 노동은 비즈니스 모델과 거리가 멀다. 노동력을 투입한 만큼만, 혹은 그보다 적은 보상이 돌아오기 때문이다.

'적게 일하고 많이 버세요'가 덕담으로 오가는 시대에, 나 또한 자는 동안 돈을 벌 수 있는 방법을 어떻게든 고안해 내고 싶었다. 그러던 어느 날, 이 말이 불편해졌다. 만약 내가 자는 동안 돈을 번다면 그것을 가능하게 하는 다른 누군가의 노동이 있을 터였다.

이건 클릭 한 번에 쉽고 빠르게 맛있는 음식을 배달해 주겠다는 앱을 쓰면서 찜찜함을 떨칠 수 없는 이유이기도 하다. 나의 수고는 저절로 덜어지는 게 아니다. 앱을 만들거나 유지 보수하고, 음식을 조리하거나 배달하는, 그리고 실제로는 이보다 훨씬 많을 다른 사람들의 노동으로 인해 덜어진다. 카일 차이카의 『단순한 열망』에서도 이 점을 지적하는데, 간결하게 다듬어진 서비스 프로세스 덕분에 음식 메뉴를 고를 때나 자동차를 주문할 때 우리는 미니멀리스트가 된 기분을 느끼지만 결국은 맥시멀리즘의 집합체로부터 이득을 얻고 있다는 것이다. 모든 서비스와 일 뒤에는 사람이 있다.

라이더의 생계와 기업의 이윤, 소비자의 편리라는
복잡한 욕망의 연대 속에서 사고가 발생한다.

박정훈, 『플랫폼은 안전을 배달하지 않는다』
(한겨레출판, 2023)

배달 플랫폼 콜센터에는 낮보다 저녁 시간에 고객 불만이 더 많이 접수되는 경향이 있다는 이야기를 들은 적이 있다. 하루 종일 일하느라 바쁘고 힘들어 밥을 직접 차려 먹을 기력이 없고, 그래서 저녁을 배달시켜 먹으려는 경우가 많다 보니 배달이 늦어지거나 잘못되면 사람들이 더 분노하게 된다는 것이었다. 배가 고프면 쉽게 화가 나기 마련이니까. 손가락 하나 겨우 까딱할 기력만 남아 있을 때 배달 앱을 열어 음식을 시키고는 대체 언제 오는지 초조하게 기다려 본 경험이 내게도 있기에, 이 이야기에 즉각 공감했다.

그렇지만 아무리 귀찮고 피곤해도 절대로 배달을 시키지 않는 날이 있다. 비나 눈이 내리는 날이다. 배달하는 사람들이 빗길이나 눈길에 미끄러져 큰 사고를 당할까 봐 걱정돼서 배달앱을 열 생각조차 할 수 없다. 아주 가끔 이런 날씨에도 "배달을 시켜야 라이더들이 먹고살지"라고 말하는 이들을 만난다. 비가 오거나 너무 더울 때는 배달료에 '기상 할증'이 붙는다고 하니 실제로 그 말은 일부 맞을지도 모른다. 하지만 나의 한 끼 식사를 위해 누군가 평소보다 훨씬 더 큰 위험을 무릅쓰고 일해야 하는 상황을 만들고 싶지 않다. 돈을 더 많이 벌기 위해서 가끔은 목숨도 걸 수 있어야 한다고 생각하는 듯한 사회 분위기에 일조하고 싶지 않다. 아마 나만의 이 원칙은 앞으로도 바뀌지 않을 것 같다.

탈산업화 시대의 수많은 서비스 노동자에게 주어지는 비슷한 요청은 "프로페셔널해져라"일 것이다.

케이시 윅스, 『우리는 왜 이렇게 오래, 열심히 일하는가?』
(제현주 옮김, 동녘, 2016)

지도 앱에서 가장 쉽게 찾아볼 수 있는 음식점 리뷰는 직원들의 태도에 관한 것이다. "오전 알바생이 친절합니다." "사장님인지 알바인지 모르겠지만, 너무 불친절하네요. 다시는 안 갈 생각입니다." 기왕이면 서로에게 친절한 게 좋기는 하겠으나, 그 '친절'을 별점으로 평가하고 굳이 리뷰로 남기는 건 '인간 대 인간으로서 친절해지자'라는 의미와는 다를 것이다.

서비스 노동자에게 친절이란 인격의 문제라기보다는 그가 프로페셔널한지 아닌지를 가르는 기준이 된다. 과하지도 모자라지도 않는 은은한 미소, 다정한 말투, 바른 인사성 같은 것들은 그 사람이 돈을 받고 제대로 일하는 사람인지 아닌지를 평가할 수 있는 지표인 셈이다. 고객으로서는 당연히 친절한 사람을 만나면 기분이 좋지만, 그가 특별히 친절하지 않거나 내가 느끼기에 무심하다고 한들 그게 뭐 어떻단 말인가? 나는 우리가 돈을 낸 만큼의 서비스를 돌려받아야 한다는 말에 동의하지도 않거니와(서비스에 해당하는 가격이 적정한지 아닌지 어떻게 모두가 '정확히' '동일하게' 측정할 수 있을까?), 우리가 내는 돈에 서비스 노동자의 친절과 미소가 당연히 포함되는 건 아니다.

케이시 윅스는 『우리는 왜 이렇게 오래, 열심히 일하는가?』에서 "이제 프로페셔널이 갖췄을 것으로 기대되는 전문성은 점점 더 '성격'personality에 관한 것이 되고 있다"고 분석한다. "오늘날의 프로페셔널은 자신의 생각, 상상, 관계, 정서를 통제할 것으로 기대된다"는 것이다. 오늘날의 일하는 사람들에게는 단순히 맡은 업무를 제대로 해내는 것뿐 아니라, 프로페셔널이 되기 위해 자신의 감정을 컨트롤해야 하는 임무까지 주어진다. 프로란 무엇인가? 그것은 과연 누구를 위한 개념일까?

무엇이 노동인가.
이 질문은 세상을 작동시키는 것이
무엇인지를 들여다보게 한다.

희정, 『일할 자격』
(갈라파고스, 2023)

주간 회고를 할 때면 한 주 동안 한 활동을 '일'과 '일 외 활동'으로 나누어 기록한다. 한 일만 기억하지 말고 만난 사람, 본 영화와 들은 음악, 읽은 책, 여가 시간도 함께 기억해 보자는 의도에서 정한 구성이다. 한번은 '일 외 활동'에 별생각 없이 '고양이들 돌봄'을 써 넣었다가 뒤늦게 화들짝 놀랐다. 아, 나는 돈을 벌 수 없는 노동은 노동이라고 여기지 않는구나. 돌봄도 노동이라고 그렇게 배우고 말해 왔으면서도, 정작 나한테는 '일=임금 노동'이라는 편견이 뿌리 깊게 박혀 있구나. 잠자리에 누워 부끄러움에 혼자 얼굴이 빨개졌다.

종종 커뮤니티를 만들고 운영하는 일은 돌봄 노동에 가깝다고 느낀다. 이런 점에서다. 잘하는 건 티가 나지 않고, 못하면 바로 티가 난다. 했던 일을 반복해서 또 해야 한다. 사람 손이 더 구석구석, 많이 닿을수록 결과가 더 좋아진다. 자동화가 거의 불가능하다. 어떤 사람(혹은 존재)들을 대상으로 하느냐에 따라 일의 성격이나 방식이 달라진다. 그 때문에 한 사람이 가진 기술을 고스란히 전수하기가 어렵다. 하지만 그런데도 불구하고, 노동의 고유함이나 전문성을 인정받기 힘들다. 이러한 이유로 커뮤니티 돌봄 노동에 지쳤다고 토로한 적도 있으면서 돈으로 환산되지 않는 돌봄은 일이 아니라고 무심코 생각해 버린 것이다.

말로만 돌봄 노동도 노동이라고 말하기 전에, 정작 내가 무엇을 노동으로 인식하고 있는지 돌아볼 필요가 있다. 돈을 버는 것? 하기 싫은데 어쩔 수 없이 하는 것? 에너지를 많이 쓰는 것? 하루 중 가장 긴 시간을 들이는 것? 결과물을 만들어 내는 것?

'사랑' '배려' '선의' 등 비판하기 어려운 말에 기초해 돌봄을 하는 것은 대단히 위험하다고 생각한다.

무라세 다카오, 『돌봄, 동기화, 자유』
(김영현 옮김, 다다서재, 2024)

돌봄 노동은 자주 오해된다. 다정함과 친절, 희생을 바탕으로 한 노동으로 여겨진다. 또한 저숙련 노동이라고도 불린다. 따로 훈련받지 않아도 누구나 할 수 있고, 오랫동안 일을 해도 전문성이 쌓이지 않는다는 관점에서 붙은 분류다.

요양원에서 일하는 요양보호사의 이야기를 들은 적이 있다. 병원마다 근무 환경이 조금씩 다르기는 하겠으나, 그는 3교대로 일했다. 야간 시간대 근무를 맡은 날에는 작은 휴게실에서 잠깐 눈을 붙일 수 있을 뿐 거의 밤을 꼬박 새워야 했다. 노인들을 목욕시키는 날이면 무게를 감당하느라 어깨 통증을 달고 살았다. 체력과 요령과 인내가 필요한 고강도 노동을 하면서도 요양보호사들이 일하는 조건은 불안정하다. 그는 병원에 직원으로 소속된 게 아니라 병원과 개인사업자로 계약을 맺었다. 그 때문에 제대로 된 휴가도, 다른 복지도 누리기 어렵다.

이런 상황이니 최근에는 요양원마다 요양보호사가 부족해서 난리다. 요양보호사 자격증을 딴 사람들은 많지만 일할 사람은 없다고 한다. 환경이 너무 열악하니 일을 지속할 수가 없는 것이다. 전문성에 대한 인정도, 안정적인 고용 조건도, 충분한 금전적 보상도, 체계화된 교육도 없으니 말이다.

돌봄을 저숙련 노동으로 인식하는 것은 돌봄 제공자의 역량을 낮춰 볼 뿐만 아니라, 돌봄 대상자의 구체적인 욕구는 존재하지 않을 거라는 편견이기도 하다. 일본의 노인요양시설 '요리아이의 숲' 소장인 무라세 다카오는 돌봄이 고도화될 수밖에 없는 노동이라고 강조한다. 돌봄 대상자의 상태와 필요를 면밀히 살피고 그에 맞춰 돌봄의 종류와 강도를 섬세하게 조정해야 하기 때문이다. 돌봄이야말로 AI가 결코 대체할 수 없는 고숙련 노동이다.

남성 대비 여성 임금 비율은
2010년 62.6퍼센트이며
2019년에는 67.8퍼센트입니다.

김현미, 『페미니스트 라이프스타일』

(반비, 2021)

어느 중학교에 강연을 하러 갔을 때였다. 한 남학생이 손을 들고는 이런 질문을 했다. "책에 '여성은 기울어진 운동장에 서 있다'라고 쓰셨는데요, 그 말 증명하실 수 있나요?" 갑작스레 던져진 다소 공격적인 질문 앞에서 잠깐 말문이 막혔다. 정신을 차리고 대답했다. "OECD 국가 중 한국은 여남 임금 격차가 가장 큰 곳이고요, 채용 과정에서 여성에게 이유 없이 불이익을 줬다가 적발된 회사들도 많아요. 통계와 뉴스를 한번 검색해 보시면 좋겠습니다."

2022년 기준 한국의 성별 임금 격차는 31.2퍼센트로, OECD 회원국 중 1위를 기록했다. 남성 대비 여성 임금 비율로 따지자면 68.8퍼센트라는 얘기다. 임금 격차가 조금씩 줄어들고는 있지만 워낙 미미해서 이걸 과연 줄어들고 있다고 봐야 할지 애매하다. 격차가 큰 이유는 여성이 출산 및 육아 등을 겪으며 임금 노동에서의 경력이 단절될 수밖에 없고, 여성들이 많이 종사하는 일자리가 상대적으로 저임금에 속한 경우가 많아서다. 왜 그럴까? '모성 벌칙'motherhood penalty 때문이다. 엄마가 되었거나, (실제로 결혼과 육아를 하지 않았어도) 엄마가 될 가능성을 가졌다는 이유로 여성들은 임금 노동 시장에서 암묵적인 벌칙을 받는다. 일하는 많은 사람이 일터에서 자신을 증명하기 위해 노력하다 소진되지만, 특히 여성이 더욱 그럴 수밖에 없는 건 능력으로 저 '벌칙'을 이겨 낼 수 있으며 그래야 한다고 믿어서다.

노동 소득 관점에서 자녀 출산이 여성에게 가하는 편견은 오늘날 여성과 남성 간 평균 임금 격차의 가장 큰 부분을 설명해 준다.

폴린 그로장, 『가부장 자본주의』
(배세진 옮김, 민음사, 2023)

출산과 육아 때문에 임금 노동에서의 경력이 단절되었던 여성들을 만날 기회가 많다. 일터로 돌아가기 전에 이미 가지고 있는 역량을 파악하고 자신감을 갖도록 하는 교육을 통해서다. 그럴 때마다 나는 돌봄도 고도의 전문성을 요구하는 노동이라고, 그 일에서도 타인과의 협업에 필수적인 다양한 기술을 쌓을 수 있다고 강조한다. 시간 관리, 소통, 공감, 유연성, 끈기, 적응력… 돌봄 기간 동안 이런 역량을 충분히 단련하고 발휘할 수 있다.

한번은 교육에 참여한 경력 단절 여성들의 이야기를 자세히 들었다. 경력이 단절된 이후 임금 노동의 일터로 돌아가더라도 정규직은 쉽지 않고 단기 계약직을 반복하게 된다거나, 그마저도 1년을 채우면 퇴직금을 줘야 하니 11개월 차에 업무 평가를 통해 계약 연장을 검토하는 방식의 꼼수를 부리는 곳이 있다거나, 2년을 일하면 정규직 전환을 해야 하니 1년 11개월까지만 계약을 유지하는 곳이 많다는 사실을 알게 됐다. "아무래도 회사에서는 이력서에 적힌 자격증이나 경력 기간을 가장 먼저 보거든요. 그 외 역량은 취업한 후에야 의미가 있게 되는 것 같아요." 한 참여자는 이런저런 자격증 취득에 집착할 수밖에 없는 이유를 이렇게 설명했다. 돌봄 노동으로 경력이 끊겼던 사람들이 제대로 역량을 키우거나 인정받을 수 없는 환경임에도, 그들은 자신이 부족해서 자꾸만 좋은 일자리에 진입하지 못한다고 자책하며 자격증 공부나 각종 교육에 매달린다.

돌봄이 중요한 시대라고 하면서도 정작 우리 사회는 돌봄 노동을 경험한 사람들을 일터에서 배제하고 차별한다. 돌봄 경력이 감점 요인이 되는 구조 속에서, 돌봄이야말로 사회를 지탱하는 노동이라고 믿는 것은 불가능하다.

엄마의 또 다른 기쁨은 일, 즉 노동이었다.

정멜멜, 『다만 빛과 그림자가 그곳에 있었고』
(책읽는수요일, 2022)

한 친구는 얼마 전 회사에 소속된 직장인으로서의 삶을 그만뒀다. 20년 가까이 회사원으로 살아왔기에 앞으로를 떠올리면 조금 불안한 마음이 든다고 했다. 친구의 이야기를 들으며 나를 돌아보았다. 매달 수입이 들쭉날쭉한 자영업자로서 불안함을 느끼긴 하지만, 어딘가에 소속되지 않았다는 사실 자체는 내게 크게 중요하지 않다. 그동안 주로 재정적으로 불안정한 회사들을 거쳐 오기도 했고, 소속을 스스로 만들어 가는 노동자로서의 삶에 익숙해지기도 한 덕분이다. 그리고 이런 불안을 평생 견디며 일해 온 사람을 가까이서 오랫동안 봤기 때문이기도 하다. 바로 우리 엄마다.

내가 기억하는 한, 엄마는 단 한 번도 안정된 직장에 속한 정규 직원으로 일한 적이 없다. 칼국수와 김밥을 팔았고, 돈가스 가게와 호프집, 고깃집을 운영했고, 보험설계사로도 일했고, 백화점 꼭대기 식당의 주방에서도 일했고, 이제는 작은 부동산을 운영한다. 집안 사정이 넉넉했던 적은 한 번도 없었으니 일은 엄마에게 자아실현이라기보다는 생계유지 활동에 가까웠을 테고, 그만큼 불안함과 고단함을 많이 견뎌야 했을 것이다. 그러나 엄마는 그 속에서 나름의 기쁨과 활기를 얻는다고 말한다. "일을 하고 있어서 얼마나 좋은지 몰라. 일하면서 만난 친구들이 생겼잖아. 그 사람들이랑 모임도 하고, 가끔 맛있는 것도 먹고. 일을 안 했으면 지금 엄청 외로웠을 것 같아."

나를 낳아서 키운 사람이 아닌, 일하는 사람으로서의 엄마를 본다. 엄마는 나의 선배, 나의 가장 오래된 레퍼런스다.

그 사람이 했던 일은 그의 삶과 죽음에
많은 이야기를 해 줄 수 있습니다.

한국노동안전보건연구소, 『일하다 마음을 다치다』
(나름북스, 2022)

아빠의 노동에 관심 가진 적이 없었다. 아파트 관리소장이라는 아빠의 직업을 나는 말 그대로 '아파트를 관리하는 일'이라고만 이해했고, 아빠가 겪는 일터의 어려움 같은 것들을 아빠에게 물어본 적도 궁금해한 적도 없었다. 아빠가 사무실에서 일하다 쓰러져 돌아가신 후에야, 즉 산업 재해가 나와 가족의 사건이 되고 나서야 아빠가 부조리한 시스템 속에서 일하는 노동자였음을 알게 됐다. 위탁 업체에 고용되어 있지만 고용에 관한 실질적인 권한은 아파트 입주자대표회의가 가지고 있는 구조, 그렇기에 입주자대표회의라는 '슈퍼 갑'의 눈치를 볼 수밖에 없는 상황. 부당한 대우를 받아도 '먹고살아야 하니까' 참아 왔던 시간이 극심한 스트레스로 돌아와 아빠의 마지막을 만들었다고, 나는 생각한다. 그간 내게 산업 재해란 몸을 많이 쓰는 노동을 하다가 안전하지 않은 환경에 의해 다치고 죽는 것, 유해한 환경 때문에 질병을 얻게 되는 것으로 좁게 이해되고 있었다. 사무직에 가까운 아빠가 산업 재해를 당할 수도 있다고는 단 한 번도 상상하지 않았다. 하지만 산업 재해는 어떤 일터에서든, 어떤 노동자에게든 벌어질 수 있는 사고였다.

아빠의 일터에서 만난 사람들은 일하는 사람으로서의 아빠에 관해 많은 이야기를 들려주었다. 아빠는 아침에 마주치면 "굿모닝!" 하고 반가운 인사를 먼저 건넸던 사람, 일을 너무 열심히 해서 직원들이 오히려 약간 불편해할 정도였던 사람, 절대 언성을 높이지 않았던 사람이었다. 가끔은 궁금하다. 아빠는 30년 넘게 지속한 아빠의 일에 대해 어떻게 생각했을까. 그 일을 하는 게 즐겁거나 뿌듯할 때도 있었을까. 다시는 물어볼 수 없는 질문을 품고, 뒤늦게 아빠의 일과 일터를 알아 가는 중이다.

개인, 가족 또는 건강상의 이유에 맞춰
업무 루틴을 변경하라.
팀 내에서 죄책감 없이 이를 공유하라.

에린 L. 켈리·필리스 모엔, 『정상 과로』
(백경민 옮김, 이음, 2024)

외할머니가 돌아가셨다는 연락을 받은 건 회사에서 워크숍을 떠났다가 집으로 돌아온 날 밤이었다. 할머니는 병원과 요양원을 오가며 지내고 계셨고, 그래서 언젠가는 할머니와 이별하는 날이 올지도 모른다는 마음의 준비를 하고 있기는 했지만 그렇다고 이별이 슬프지 않거나 고통스럽지 않은 것은 아니었다. 장례식장에서의 일과는 빡빡했다. 하루 종일 손님을 맞이하고 음식을 나르다 밤이 되면 할머니 사진 앞에 앉아 쓰러질 정도로 울었다. 그러는 와중에도 이번 주에 내게 할당된 회사 업무가 종종 떠올랐다. 그 일 해야 하는데. 하지만 나는 지금 일할 상황이 아닌데. 그렇지만 내가 일하지 않으면 다른 사람들 업무가 과중해질 텐데…. 장례식 이틀 차, 한 선배가 문자로 위로를 전하며 조심스럽게 물어 왔다. 혹시… 일할 수 있겠어? 할 수 없다고 대답하고 싶었지만 잘못도 없는 선배를 곤란하게 만들고 싶지 않았으며 늘 일손이 부족한 회사 사정을 모른 척할 수도 없어서 하겠다고 말했다.

    10년도 더 전에 겪은 경험이 생생하게 떠오르는 걸 보니, 그때 아마 나는 크게 상처받았던 것 같다. 왜 아무도 내게 이번 주에는 일을 쉬어도 된다고 말해 주지 않았을까. 어째서 나는 도저히 일할 수 있는 상태가 아니라고 말하지 못했을까. 모두에게는 언제든 어떤 사정이든 생길 수 있고, 모두가 그 사실을 조직 안에서 죄책감 없이 공유할 수 있어야 하며, 그럴 때 조직은 일하는 방식을, 원칙을, 시스템을 바꿀 수도 있어야 한다. 일은 일이고 삶은 삶이라고, 개인의 사정이 가급적 업무에 영향을 끼쳐서는 안 된다는 생각에 나는 반대한다. 일은 그 정도로 가치 있지도 않고, 삶과 깨끗하게 분리될 수도 없다.

출판계 동료들과는 페미니즘, 비거니즘,
노동권과 환경 문제 등의 주제를 기본적인 공감대
아래에서 편하게 의견 나눌 수 있다.

신연선, 『하필 책이 좋아서』
(김동신·신연선·정세랑 지음, 북노마드, 2024)

'일 이야기를 나누는 여성 커뮤니티'를 연구 주제로 삼아 짧은 보고서를 쓴 적이 있다. 학교 기말과제로 제출한 것이었는데, 커뮤니티를 만들고 있으니 그 의미를 스스로 해석해 보자는 의도였다. 왜 여성들이 일 중심 커뮤니티에 가입하는지, 여기서 어떻게 서로 가까워지는지, 커뮤니티에서의 친밀감을 통해 어떻게 변화하는지 정도의 질문을 가지고 커뮤니티 멤버 몇 명과 인터뷰를 진행했다. 그들이 들려준 이야기 가운데 인상적이었던 건 정치사회적 대화를 가족이나 친구는 물론, 일터에서도 절대로 나누지 않는다는 부분이었다. 정치사회적 대화가 누군가를 불편하게 만들 수 있어서 그렇다고 했다.

많은 사람이 일은 일이다, 따라서 일터에서는 일에 관한 이야기만 나눠야 한다고 말한다. 일터에서 사적인 이야기, 갈등이 생길 수밖에 없는 이야기는 알아서 꺼내지 말아야 한다는 것이다. 그런데 다들 부동산, 골프, 주식 얘기는 쉽게 나눈다. 이건 동료들을 불편하게 만들지 않는 주제인가? 돈과 그 돈으로 즐길 수 있는 비싼 스포츠에 관한 이야기는 누구나 환영하는 걸까? 앞의 주제는 괜찮지만, 노동권과 선거와 페미니즘 등은 왜 일터의 대화 주제가 될 수 없는지 잘 납득되지 않는다.

일터는 한 사람의 생활과 분리되는 공간이 아니다. 일을 비롯한 우리 삶의 모든 면면은 정치와 떼려야 뗄 수 없다. 평소에 일터에서 정치사회적 대화를 자연스럽게 나눌 수 있어야, 일터에 변화가 필요할 때 일하는 사람들이 제대로 목소리를 낼 수 있을 것이다. 일터에서는 일만 해야 한다는 생각은 틀렸다. 그건 일하는 모두를 각자 외롭게 만드는 지름길이다.

'일'을 주제로 한 이 책은 본질적으로
'폭력'에 대한 책이다.

스터즈 터클, 『일』

(노승영 옮김, 2007, 이매진)

일과 일터는 폭력을 낳을 위험을 안고 있다. 회사에는 수직 체계가 존재하고, 따라서 상급자가 (인식하지 못했다 할지라도) 얼마든지 하급자에게 위력을 행사할 수 있다. 조직의 경쟁적인 분위기가 구성원들 간의 괴롭힘을 만들어 내기도 한다. 또 우리는 대개 생계를 위해 일하기에 일터에서 쉽게 벗어날 수 없다. 그러다 보니 종종 폭력을 인지하더라도 '먹고살려면 이 정도는 참아야지' 하는 식으로 묵과하거나 감내하게 된다.

한국에서는 2019년부터 직장 내 괴롭힘 금지법이 시행되었다. 이 법 덕분에 괴롭힘 문제를 해결할 수 있는 실마리가 생기긴 했지만, 상황을 조정하는 권한이 회사에 있다는 점에서 아직 갈 길이 멀게 느껴진다. 심지어 5인 미만 사업장이나 프리랜서 계약 관계에는 법이 적용되지도 않는다. 같은 해 국제노동기구에서는 '일의 세계에서의 폭력과 괴롭힘 근절'을 기조로 한 190호 협약을 채택했다. 이 협약은 누구도 인종, 신념, 성별, 국적 등의 이유로 일터에서 폭력과 괴롭힘을 당해서는 안 된다는 내용을 담고 있다. 여기서 회사나 조직이 아니라 '일의 세계'라고 표현한 게 좋았다. 누군가 일하고 있는 곳이라면 거기가 바로 일의 세계일 테니 말이다.

그런데 일의 세계에서의 폭력에 관한 법이나 약속이 따로 만들어져야 할 정도라면 일의 세계는 본질적으로 폭력적일 수밖에 없는 걸까? 그렇다면 우리의 일 자체에 문제가 있는 건 아닐까? 여러 가지 생각을 해 보게 되는 주제다.

어떤 사람이 그다지 즐기지도 않는 일을 하고 싶은 정도 이상으로 힘껏 하지 않으면, 우리는 그를 나쁜 사람이며 소속 공동체의 사랑과 보살핌과 지원을 받을 자격이 부족한 사람으로 여기게 되었다.

데이비드 그레이버, 『불쉿 잡』
(김병화 옮김, 민음사, 2021)

모두에게 차별 없이 지급되는 기본소득을 지지하는 BIYN에서 활동한 적이 있다. 성평등팀 소속이었던 내가 동료들과 맡은 일은 북클럽을 기획하고 운영하는 것이었다. 이윤을 내기 위한 프로젝트는 아니었지만 진행하기로 결정한 이상 그것은 내게 돈을 버는 일과 다름없었다. 책임감 있는 태도로, 열심히, 최선을 다해서 해야 하는 일. 그런데 내가 기대한 만큼 속도가 나지 않았다. 어느 날은 누군가 몸이 좋지 않아서, 어느 날은 다들 다른 일로 바빠서, 혹은 어떤 사정이 있지 않아도 달리듯 일할 필요가 없어서 일정은 조금씩 미뤄졌다. 살짝 조바심이 났다. 더 속도를 내야 하지 않을까. 프로젝트 마감일을 향해 전력으로 달려가지 않는 분위기가 낯설었다. 그동안 경험해 보지 못한 감각이었다.

그렇게 활동한 지 1년쯤 지나자 나 역시 거기에 익숙해졌다. 회의에 늦을 수도 있고, 빠질 수도 있지. 오늘까지 마무리하기로 한 일을 못할 수도 있지. 모든 것에 기력을 쏟지 않아도 된다는 걸 깨달았다. "저 최근에 에너지가 별로 없어서 약속한 일을 못했어요. 다음 주까지 공유해도 될까요?"라는 말을 편하게 하게 됐다. 그즈음 BIYN에 새로 합류한 동료가 말했다. "여기는 누워 있는 사람을 미워하지 않는 곳 같아요." 참신하고 정확한 표현이었다. 개인의 사정이나 성향 때문에 열심히 하지 않거나 못하는 사람들을 싫어하거나, 다그치거나, 공동체 바깥으로 밀어내려 하지 않는다는 뜻이었다.

힘껏 일할 수 없거나 일하고 싶지 않을 때마다 그때의 기억을 떠올린다. 그러면 누워 있는 사람이 되는 것도, 누워 있는 사람의 동료가 되는 것도 다 괜찮다고 느껴진다.

따라서 직장 내의 외로움을 줄이고 싶다면
친절, 협력, 협동 같은 가치를 명시적으로
인정해야 한다.

노리나 허츠, 『고립의 시대』
(홍정인 옮김, 웅진지식하우스, 2021)

업무 메일을 쓸 때 되도록이면 다정한 문장을 구사하려고 한다. 특별한 건 없다. 용건을 본격적으로 꺼내기 전에 안부 묻기, 메일을 마무리하기 전에 좋은 하루 보내길 바란다고 쓰기 정도다. 날씨가 괜찮은 날에는 '바쁘시겠지만 햇빛을 즐길 수 있는 틈이 나길 바랍니다' 같은 인사를 곁들이기도 한다. 나 역시 이런 메일을 받을 때 기분이 좋아지기 때문이다. 하지만 어쩐지 태도가 조금 고압적으로 느껴지는 파트너, 업무 관련 이야기만 딱딱하게 전달하는 파트너와 일할 때는 나도 무뚝뚝한 어투로 메일을 보낸다. 다정함을 곁들인 메일은 왠지 프로페셔널하지 않은 것처럼 비춰질까 봐, 앞뒤 인사를 최소화하고 용건만 담은 메일을 쓴다.

일에서 다정함이나 친절함을 발휘하는 게 잘못일까? 다정하고 친절한 사람은 일을 잘 못하는 사람일까? 혹은, 여성이라면 당연히 선천적으로 다정하고 친절한 걸까? 친절하고 따뜻한 태도를 보이는 여성의 능력은 평가 절하된다는 연구 결과가 있다. 반대로 그런 태도 없이 뛰어난 능력을 발휘하는 여성은 대인관계 기술이 부족하여 리더가 될 수 없다는 평가를 받는다고 한다. 대체 어쩌란 말이냐…라는 소리가 절로 나온다.

일은 누구도 혼자 해낼 수 없다. 여러 사람의 힘을 합칠 때라야 제대로 완수할 수 있다. 일과 일, 사람과 사람 사이를 단단하게 이어 붙이는 게 다정함과 친절함 같은 태도라면 여기에 훨씬 더 높은 가치를 부여해야 하지 않을까. 게다가 그건 어떤 사람이 선천적으로 지닌 본성이 아니라, 부단히 노력하여 발휘할 수 있게 된 전문적인 역량으로 이해해야 할 것이다. 바쁘게 돌아가는 일터에서 부러 마음과 에너지를 쓰는 건 누구에게나 쉽지 않다.

나와 일하는 사람의 하루가 오늘만큼은
새로울 수 있기를 바라면서.

임진아, 『듣기 좋은 말 하기 싫은 말』
(뉘앙스, 2023)

짧은 제주 출장을 막 끝내고 공항으로 들어서는 길이었다. 모르는 번호로 전화가 와서 받았더니, 강의 일정을 확정하려는 모 기관의 담당자였다. 원래도 통화로 일 이야기를 오래 하는 것을 선호하지 않고, 또 공항이라 정신이 없기도 해서 '필요한 내용을 메일로 알려 주시면 지금 바로 확인하겠다'고 말했다. 전화기 건너편에서 그가 되물었다. "일정만 정하면 되는 건데 통화하기가 그렇게 어려우신가요?" 다소 뾰족한 말투에 순간 울컥 화가 나서 나 역시 조금 퉁명스럽게 대꾸했다. "제가 공항에 있어서요, 통화가 쉽지 않으니 메일이 어려우시면 문자로라도 보내 주세요." "네"라는 아주 짧은 대답과 함께 전화가 뚝 끊겼다.

얼마 지나지 않아 그에게서 문자가 왔다. 몇 번의 문자를 주고받으며 빠르게 일정을 결정한 후 그가 덧붙였다. "출장 중이신데 죄송해요." 나 또한 얼굴도 모르는 사람에게 너무 속 좁게 굴었다는 생각이 들었다. 정신이 없어서 그랬다고, 빠르게 문자를 주셔서 감사하다는 답장을 보냈다. 일정을 얼른 정하고 다음 업무를 진행해야 하는 담당자, 그리고 출장 때문에 피곤해서 예민해진 나 사이에 벌어진 짧은 신경전은 그렇게 끝났다.

같이 일하는 사람을 일부러 불편하게 만들려는 사람은 없을 것이다(그렇게 믿어야만 한다). 하지만 업무가 급하다 보면 나도 모르게 무례한 태도로 상대방을 대하기도 한다. 무례한 사람을 만나면 저 사람 대체 왜 저러나 싶지만, '다 사정이 있겠지'라고 생각하면 대체로 유하게 넘길 수 있다. 그래, 일정이 빡빡한 거겠지. 그래, 상사에게 진행 상황을 얼른 보고해야겠지. 상대가 하루를 망치지 않도록, 그가 '이번 주 일 좀 잘 풀리는데?'라는 기쁨을 느낄 수 있도록 호흡을 맞춰 주는 것도 나쁘지 않다. 누군가는 나에게 그런 친절을 베풀고 있을지도 모르니까.

메일을 보낼 때는 예민해지고,
받을 때는 약간 둔감해지는 편이 좋다.

이다혜, 『퇴근길의 마음』
(빅피시, 2022)

섭외 메일을 하루에 네다섯 통씩 쓰던 때가 있었다. 반복되는 경험으로 메일 쓰기에 도가 틀 수밖에 없었는데, 내 메일을 칭찬하는 사람을 많이 만나면서 자신감은 더욱 올라갔다. 메일을 잘 쓴다는 것이 나의 업무 기술이 될 수 있다는 걸 그때 처음 알았다.

메일 잘 쓴다는 칭찬을 받기 시작하면서부터, 나에게 오는 메일을 더욱 깐깐하게 평가하기 시작했다. 자신이 어디 소속의 누구인지 정확히 밝히고 있는지, 원고료나 강의비가 명시되어 있는지, 나에게 무엇을 부탁하는지 깔끔하게 정리되어 있는지 꼼꼼히 체크했다. 저런 체크리스트를 통과하지 못하는 메일을 받고 나면 상대방을 만나거나 이야기를 나눠 보기도 전에 그를 '일 못하는 사람'으로 낙인찍었다. 물론 지금까지의 경험으로 미루어 볼 때, 메일이 엉성할 경우 그 일이 무사히 성사되거나 성사된 후에도 부드럽게 진행되기는 어려울 확률이 높다. 하지만 막상 같이 일을 해 보면 메일만 읽고 걱정했던 것과는 달리 아무런 문제도 일어나지 않는 경우 역시 그만큼 많다. 현대의 업무 환경에서 메일을 보낼 때 기본적인 매너를 갖추는 건 분명 중요하지만, 또 그렇게까지 절대적으로 중요한 것은 아니다.

그래도 기왕이면 메일을 제대로 쓰고 싶은 사람들을 위해, 내가 알고 있는 섭외 메일 쓰기의 원칙을 몇 가지 소개해 본다. 1)내가 누구인지, 어디 소속인지 밝힐 것. 2)왜 당신을 섭외하고 싶은지, 무엇을 기대하는지 구체적으로 설명할 것. 3)정확한 일정과 사례비를 명시할 것. 4)가능하다면 사례비 지급 시점도 알려 줄 것. 참, 받는 이의 이름을 틀리게 쓰는 실수는 아주 치명적이므로 각별히 주의해야 한다.

카피라이팅에 대해 아무것도 모르던 내게
팀장님이 처음 한 충고는
"쓰고 나서 소리 내서 읽어봐."였다.

김민철, 『모든 요일의 기록』
(북라이프, 2021)

"말로는 다 괜찮다고 하면서 정작 내가 만들어 낸 결과물을 조금씩 수정하는 팀장님, 이럴 때 어떻게 피드백을 요청해야 할까요?" 다양한 이유로 임금 노동을 멈췄다가 일터로 돌아가는 이들을 대상으로 커뮤니케이션 강의를 진행했다. 요즘의 커뮤니케이션 기본 원칙인 '수평성과 투명성, 공유'를 되새기자는 취지였다. 마지막은 특정한 상황을 제시하고 자유롭게 토론해 보는 시간으로 마련했는데, 저 질문을 던지자 많은 참여자가 그래서 난감할 때가 있다며 공감했다. 그중 팀장으로 일했던 한 사람이 말했다. 팀원에게 하나하나 다 설명하기가 어려워서, 때로는 피드백을 줘도 잘 바뀌지 않아서 그냥 내가 일을 다 해 버렸던 것 같다고. 그 말에 무엇이 주는 사람에게도, 받는 사람에게도 의미 있는 피드백일까 고민하던 중 사회 초년생 시절의 경험이 떠올랐다.

처음으로 취재 기사를 쓴 날, 내 원고를 받은 편집장님이 사무실 가까이에 있는 카페로 나를 불렀다. 카페에 가서 노트북을 펼치자, 편집장님은 내가 쓴 원고를 화면에 띄워 놓고 직접 수정하기 시작했다. 이 문단은 왜 위로 가야 하는지, 이 문장은 왜 이렇게 수정되어야 하는지 설명하면서. 피드백과 함께 내가 쓴 기사가 점점 더 나은 글이 되는 걸 보면서 스트레이트 기사에 대한 감이 잡혔다. 그건 다른 글에도 유효한 충고였는데, 문단이 쌓일수록 글의 논리와 깊이가 확장되어야 한다는 것이었다.

일을 한 지 얼마 되지 않았을 때, 그 일이 손에 익지 않았을 때 어떤 가르침을 얻느냐가 이후 일의 방향과 퀄리티에 영향을 끼친다. 지금까지 내 일을 이끌어 온 가르침은 무엇이었는지, 그리고 나는 누구에게 그런 의미 있는 가르침을 주었는지 생각해 보게 된다. 일하는 시간이 쌓일수록 그렇게 된다.

피드포워드는 보다 개선된 접근방식으로
다음 단계를 향해 나아가기 위한 대화를 유도한다.

조 허시, 『피드포워드』
(박준형 옮김, 보랏빛소, 2019)

커뮤니티에서 함께하는 주간 회고 시간에는 꼭 서로의 기록에 댓글을 남긴다. 주로 응원과 지지, 호기심의 댓글이다. 물론 여기에는 한계가 있다. 우리는 한 커뮤니티에 있을 뿐 같이 일하는 사이가 아니고, 그 때문에 각자의 일의 맥락이나 일하며 맞닥뜨린 구체적인 상황을 모두 알 수는 없다. 하지만 내가 일주일 동안 한 일과 경험을 누군가 읽고 거기에 응답해 준다는 것 자체로 서로에게 의미 있는 행위다.

부정적인 피드백 때문에 힘들다는 것만큼이나 '피드백이 없어서 힘들다'고 말하는 사람들이 많다. 피드백이 부족하다고 느끼는 건 한참 일을 배우는 실무자나, 관리와 실무를 병행하느라 눈코 뜰 새 없이 바쁜 중간 관리자나, 관리를 주로 담당하는 책임자나, 심지어 조직 바깥에서 일하는 프리랜서까지 모두 비슷하다. 일하는 사람의 상당수가 자신이 하는 일이 어떤 결과를 만들어 냈는지, 거기에 어떤 의미가 있는지, 다음에 비슷한 일을 또 진행한다면 개선해야 할 부분은 무엇인지 조직 또는 파트너에게서 거의 듣지 못하고 있다는 뜻이다.

일하는 사이에서 피드백이 적게 오가는 이유 중 하나는 피드백을 하는 게 누구에게나 조심스럽기 때문일 것이다. 이건 너무 '꼰대' 같지 않을까? 내가 이런 말을 할 자격이 있을까? 이런 생각에 망설이기 일쑤다. 내가 생각하는 피드백이란, 잘해 내지 못한 일을 지적하는 게 아니라 타인의 일에 적극적으로 반응해 주는 것이다. 내가 당신의 일하는 모습을 보고 있다고, 잘하는 걸 알고 있으며 더 잘할 수 있게 돕고 싶다고, 어떻게 더 낫게 할 수 있을지 함께 고민하고 있다는 리액션. 같이 일하는 사람들을 외롭지 않게 만드는 커뮤니케이션 방식이다.

피드백을 '잘' 받고 싶다면 요청의 기술이 필요하다.

김키미, 『오늘부터 나는 브랜드가 되기로 했다』
(웨일북, 2021)

오랜만에 외부 기관과 함께 꽤 큰 프로젝트를 하게 됐다. 일정이 빡빡하다는 것보다 더 스트레스를 주는 요인은 누군가의 피드백을 받아야 한다는 사실이었다. 업무 파트너에게서 피드백이 담긴 메일이 도착할 때마다 가슴이 덜컥 내려앉았다. 어째서 피드백을 받는 건 여전히 이토록 괴로운 걸까? 경력이 길기 때문에 오히려 더 고통스러웠다. 경력이 쌓이고, 1인 자영업자로 일하며 대부분의 일을 처음부터 끝까지 혼자 하다 보니 요 몇 년간은 업무에 대한 피드백을 받을 기회가 거의 없었기 때문이다.

내가 하는 일에 대한 '평가'가 수반된다는 점이 피드백을 더더욱 꺼리게 만든다. 피드백을 스스로 요청하는 행위에는 용기가 필요하다. 대신 전략도 있어야 한다. 이 일에 대한 전체적이고 두루뭉술한 피드백을 부탁하기보다, 어떤 부분에 대한 피드백을 어느 정도 선으로 받고 싶은지 미리 밝히는 편이 좋다. 피드백하는 사람도 거기에 맞춰 피드백을 할 수 있어서 덜 부담스럽고, 피드백을 받는 사람 또한 좀 더 집중적인 개선이 필요한 부분에 대한 의견을 받을 수 있어서 효율적이다. 내가 하는 일이 아니기 때문에 던질 수 있는 무책임한 피드백도, 피드백을 요청하고도 방어적인 태도를 갖게 되는 결과도 방지할 수 있다.

하지만 솔직히 말하자면, 유명한 어느 '짤'처럼 '저에 대한 객관적인 비평 또는 피드백? 그런 거 원하지 않습니다. 무조건 박수갈채, 일방적이고 편향적인 칭찬 부탁드립니다'라는 것이 내 심정이다. 객관적인 피드백보다 무조건적인 칭찬을 받을 기회가 더 귀하기 때문이다.

내가 '인생은 피드백'이라는 좌우명 아닌 좌우명을
가지고 있다는 말은, 내가 꼭 함께 일하는 사람이
아니어도, 내 윗사람이거나 아랫사람이거나 무관하게,
나이와도 무관하게, 좋은 결과물에 대한 칭찬을
하는 데 인색한 사람이 되지 않겠다는 다짐이다.

이다혜, 『출근길의 주문』
(한겨레출판, 2019)

같이 일하는 사람들에게 칭찬을 열심히 하려는 편이다. 협업하는 사이에서 칭찬이 얼마나 귀한 것인지 잘 알아서다. "와, 진짜 어떻게 이렇게 일하세요? 천재세요?" "보내 주신 결과물을 보고 얼마나 감탄했는지 몰라요." "이렇게 일해 주신 덕분에 제가 한결 수월하게 일할 수 있었습니다. 감사드려요." 이런 칭찬을 헤프게 한다. 사실은 이보다 좀 더 촘촘하고 섬세하게 칭찬하고 감사하고 싶다. 그래서 무엇이, 어떻게, 왜 좋았는지 한 발짝 더 들어가서 이야기하려고 연습한다.

최근까지 함께 일한 사람들을 떠올려 본다. J 사진가님, 인터뷰이에 관해 미리 여러 가지 자료를 찾아보고 오시는 것, 현장에서 인터뷰어인 제가 놓친 질문들을 자연스럽게 던져 주시는 모습이 정말 멋졌어요. L 활동가님, 어려운 커뮤니케이션을 먼저 해 주셔서 기쁘고 쑥스럽고 감사했습니다. J 과장님, 저 덕분에 일이 한층 수월해졌다고, 너무너무 고마웠다는 인사를 전해 주셔서 힘이 많이 났어요. K 팀장님, 활짝 웃으며 힘찬 목소리로 산뜻하게 프로그램을 여시는 모습에 반했습니다. 제가 프로그램 참가자였다면 기운이 막 솟았을 것 같아요.

다른 사람을 꼼꼼하게 칭찬하면서, 그들의 훌륭함에 감탄하고 너그러움에 감사하면서, 그 모든 것으로부터 배우면서 나도 더 나은 사람이 되어 간다.

고집은 사유한 자들의 특권이라 여긴다.

박선아, 『우아한 언어』
(위즈덤하우스, 2023)

친구가 내게 물었다. "일할 때 나와 생각이 다른 사람이 있으면 어떻게 대응하는 편이야?" 일을 좀 해 본 이들이라면 모두 안다. 일하면서 나와 생각이 일치하는 사람을 만날 확률보다 다른 사람을 만날 확률이 훨씬 더 높다는 사실을. 이럴 경우 자연스럽게 발생할 수밖에 없는 갈등을 어떻게 다룰 것인가가 일의 성패를 가르기도 한다.

언젠가부터 나는 특별히 대응하지 않음으로써 대응하는 사람이 된 것 같다. 내 의견을 강하게 밀어붙이지 않는다는 뜻이다. 목적은 같지만 나와는 다른 방법을 제안하는 동료가 있다고 하자. 이럴 때 아무래도 그의 의견보다는 내 의견을 관철하고 싶어지는 게 당연하다. 내 의견에 대한 논리는 이미 내 안에 탄탄하게 세워져 있고, 따라서 적어도 나에게는 내 의견이 가장 효율적이고 뛰어난 것이다. 그렇지만 타인의 의견에 나름대로 논리가 있다면 최대한 그의 입장에서 이해해 보려고 한다. 특정한 방식을 제안하는 이유가 내게도 있듯 그에게도 당연히 있을 테고, 고집을 부린다는 건 그 일에 관해 사유했다는 뜻일 테니까.

다른 사람의 방식대로 일을 진행해서 잘 풀린다면 더없이 좋다. 동료와의 관계를 해치지 않으면서 일에 관한 새로운 시각을 얻을 수 있고, 만족스러운 결과를 만들어 낼 수도 있다. 혹시 일이 잘 풀리지 않는다 해도 나쁘지 않다. 아쉬운 결과에서 함께 배우고, 다음에 개선해 볼 점을 파악할 수 있다. 여기서 중요한 건 결과가 좋지 않을 때 동료를 원망하거나 힐난하지 않는 거다. 그 의견을 수용해서 일에 대한 책임을 같이 지기로 선택한 것은 나라는 사실을 기억해야 한다. 일하다 보면 나 역시 자꾸 까먹지만, 그게 바로 협업의 기본 전제다.

일을 하면서 발견한 춤.

이랑, 『대체 뭐하자는 인간이지 싶었다』
(달, 2016)

"저분 좀 봐, 자기만의 무대에서 공연하고 있는 것 같지 않아?" 오사카의 한 카페에서 친구가 이렇게 속삭였다. 카페 주방은 손님들 좌석 쪽으로 활짝 개방되어 직원들이 커피 내리는 모습을 아주 가까이서 볼 수 있는 구조였다. 친구가 가리킨 곳에서는 한 중년 남성이 커피를 내리고 있었다. 사이폰에 물을 채우고, 커피가 끓기를 기다리고, 다 끓인 커피를 컵에 옮겨 따르고, 받침을 받쳐 손님들에게 내는 그의 행동에는 군더더기라고는 없었다. 거기에는 아주 오랫동안 그 일을 해 온 사람 특유의 부드러운 흐름이 있었다.

얼마 전에는 동네 떡볶이 가게에서 점심을 먹다가 비슷한 느낌을 받았다. 그리 넓지 않은 주방에서 떡볶이집 사장님이 자신만의 리듬으로 일을 하고 있었다. 주문이 들어오면 조리를 시작하고, 동료들에게 필요한 작업을 부탁하고, 길 쪽으로 열린 창을 통해 아는 얼굴들에게 반가운 인사를 건네고, 완성된 음식을 담아 손님들에게 경쾌하게 날랐다. 그가 고유한 방식으로 일하고 움직이는 모습을 보는 것만으로도 덩달아 기분이 좋아졌다. 누군가 하는 일이 그의 몸에 새겨지고, 일과 사람이 하나가 되어 특정한 리듬을 만들어 내기도 한다는 것이 신비로웠다.

뮤지션 이랑은 목수와 성우, 서예가, 직조사, 뇌공학자 등 여러 가지 일을 하는 사람들의 동작을 안무로 만들어 『신의 놀이』라는 뮤직비디오에 담았다. 나의 일은 어떤 동작으로 요약할 수 있을지, 어떤 리듬을 그려 낼 수 있을지 상상해 본다. 아마 노트북을 멍하게 바라보고, 무언가 생각난 듯 키보드를 마구 두드리고, 또다시 멍해지고, 머리카락을 만지기를 반복하지 않을까 싶긴 하지만….

제가 아이디어를 낼 때의 급소는 바로
'??? ….. !!!(이게 뭘까?, 실은, 그렇군!)'입니다.

오구니 시로, 『하하호호 기획법』
(김윤경 옮김, 알에이치코리아, 2023)

일을 하다 보면 누구에게나 자신만의 기획법이 생긴다. 기획의 사전적 의미는 '일을 꾀하여 계획한다'라는 것인데, 콘텐츠를 만들든 사업을 구상하든 가닿고 싶은 목표가 있는 한 기획을 거치지 않을 수는 없기 때문이다. 치매 노인들이 일하는 식당을 만드는 프로젝트 '주문을 틀리는 요리점'을 기획한 오구니 시로는 자신의 기획법을 다음과 같이 소개한다. 기획을 보는 사람들이 일단 궁금해지게 만들고, 실체를 파악하게 만든 다음, 각자 나름의 깨달음을 얻을 수 있도록 돕는다. 그가 주로 해 온 캠페인성 기획에 적합한 방식이다.

기사나 팟캐스트, 강연, 워크숍 등 큰 틀에서 콘텐츠라 할 수 있을 만한 것들을 기획해 온 나의 방식은 이렇다. 우선 시의성 있는 하나의 큰 키워드를 떠올리고, 그것이 지금까지 자주 다뤄지지 않았던 방향은 어디인지 고민해 본다. 누군가를 섭외해 강연을 꾸린다면? 먼저 작가, 카피라이터, 한 회사에서 쭉 일해 온 직장인 등 그의 정체성을 이루는 요소들을 쪼개 본다. 그중 '한 회사에서 쭉 일해 온 직장인'이라는 부분이 그동안 자주 조명되지 않았다면, 그 이야기를 주제로 결정하고 그 주제가 현재 다른 사람들의 필요와는 어떻게 맞닿을 수 있을지 생각한다. '요즘은 워낙 이직, 전직이 잦고 그런 사람들의 이야기가 자주 나오는 시기이니, 거꾸로 한 직장에서 오래 일한 사람의 이야기가 주는 힘이 있을 것'이라는 식이다. 주제와 필요가 잘 맞아떨어진 기획은 틀림없이 반향이 있다.

'나'는 어떤 흐름과 접근법으로 일을 기획하는지 한 번쯤 정리해 볼 필요가 있다. 우리가 저마다 지닌 기획법은 어떤 일을 하든 우리의 핵심 역량이 될 것이다.

저는 시뮬레이션을 정말 많이 해요.

최정남, 『기획하는 일, 만드는 일』
(장수연 지음, 터틀넥프레스, 2023)

"이 기사를 어떻게 쓸 것인지 머릿속으로 시뮬레이션을 많이 돌려 봐야 해." 신입 기자 시절 한 선배가 내게 이런 조언을 했다. 주제만 덜렁 있을 뿐 내가 이 기사를 쓸 수 있을지 없을지도 잘 모르겠는데 시뮬레이션을 해 보라니… 그땐 정말 울고 싶었다. 어떤 일을 두고 시뮬레이션이 가능해진다는 건 다양한 일을 해 본 데이터가 쌓여 있다는 의미다. 나 또한 경력이 쌓이고 써 본 기사의 종류와 개수가 늘어나자 자연스럽게 머릿속으로 시뮬레이션을 할 수 있게 됐다. 그건 기사를 쓸 때뿐 아니라 다른 일을 할 때도 도움이 되는 기술이었다.

일을 앞두고 시뮬레이션을 해 본다는 건 어떤 상황이 벌어질지 여러 방면으로 상상해 보는 것, 잘 안 될 경우의 대안을 미리 고안해 보는 것이다. 여기에 한 가지 더 추가한다면, 이 일의 내용과 필요성을 타인에게 어떻게 설명할지 고민해 보는 것도 포함된다. 설명할 수 있다는 건 일의 의도와 방향을 내가 장악하고 있다는 뜻이고, 결국 일하면서 중심과 기준이 되는 건 전체적인 의도와 방향이기에 세부 사항을 시뮬레이션할 때에도 혼란을 덜 겪을 수 있다.

그래서 나는 어떤 일을 하기 전에 문서창 또는 업무용 수첩에 기획 의도를 써 본다. 프로그램이나 워크숍 기획일 수도 있고, 사업 계획일 수도 있으며, 책을 만드는 일일 수도 있다. 기획 의도가 잘 써지면 그 일은 자신 있게 진행하고, 반대의 경우라면 이 일을 꼭 해야 하는지, 다르게 할 수는 없는지 다시 고려한다. 단, 예외는 있다. 떠올리자마자 '재미있겠다'는 직감이 드는 일은 그냥 한다. 즉흥형 인간의 장점이자 단점이다.

회의록을 쓰는 동안 나는 성장했고,
회의록도 성장했다.

김민철, 『우리 회의나 할까?』
(사이언스북스, 2011)

처음 일을 시작했을 때는 회의록 작성이 너무 어려웠다. 회의에서 오가는 이야기를 듣고 흐름을 파악하기도 벅찬데 회의록에 그 이야기들을 놓치지 않고 담아내야 한다는 게, 회의가 끝난 뒤에는 내용을 잘 정리해서 모든 참석자에게 공유해야 한다는 게 부담스러웠다. 시간이 좀 흐른 뒤에야 회의록을 쓰면서 선배들이 어떻게 자기 아이디어를 설명하고 설득하는지, 어떤 아이디어가 회의에서 통과되는지 등을 배웠다는 걸 깨달았다. 연차가 쌓이면서 회의록은 저연차 직원이 쓰는 게 당연하다고 생각했다.

한 조직 또는 개인이 회의록을 다루는 방식에는 많은 게 담겨 있다. 어떤 조직에서는 회의록을 상급자 보고용 정도로 사용하고, 또 다른 조직에서는 검색이 용이한 툴을 활용하여 비슷한 업무를 진행할 때 이전 회의 내용을 쉽게 참고하도록 한다. 이처럼 회의록을 쓰는 방법은 협업의 방식과 태도에 관한 문제이기도 하다.

"회의록 작성은 회의 자료를 미리 준비할 수 있는 사람이 맡아야 해요. 조직 내 막내가 아니라요." 언젠가 커뮤니티의 한 멤버가 이렇게 말했다. 회의가 업무에 대한 모두의 이해 수준을 비슷하게 맞추고 누가 무엇을 할지 결정하는 시간이라면, 회의록은 그것을 가능하게 만드는 효율적인 기록물이 되어야 한다. 회의 맥락을 제대로 파악하기 힘든 저연차 직원이 회의록을 작성하거나, 이전 내용을 검색하기 어려운 방식으로 회의록을 작성한다면 모든 직원에게 정보가 골고루 흐르지 못할 것이다.

그동안 '다들 그렇게 하니까' 관성적으로 했던 일이 얼마나 많았을까. 그 일이 어떤 맥락에 있는지, 무엇 때문에 그 일을 '그렇게' 해야 하는지 고민할 필요가 있다.

UX 라이팅은 사용자에 대해 깊은 이해를 바탕으로, 그들과 피상적이지 않은 대화를 이어나가려고 노력하는 일종의 '정제된 언어 상호작용 디자인'이라고 할 수 있다.

전주경, 『그렇게 쓰면 아무도 안 읽습니다』
(윌북, 2023)

글 쓰는 업무를 좋아하는 편이다. 다른 일보다는 조금 덜 괴로워하면서 할 수 있다. 머릿속에서 생각이 맴돌기만 할 때면 일단 수첩을 펴고 떠오르는 것들을 써 보고, 그걸 바탕으로 문서를 정리한다. 그러면 비로소 생각이 선명해진다. 아이디어가 명료하지 않아서 막연하게 불안하고 두려웠던 마음이 사라진다. 내가 일하며 가장 좋아하는 순간이다.

업무로서의 글쓰기에 관심이 많은 사람과 글쓰기 및 콘텐츠 기획에 관해 대화를 나눌 기회가 있었다. '사용자 경험을 중심으로 한 UX 라이팅이 중요하게 여겨지면서, 커뮤니케이션 수단으로서 업무상 글쓰기의 중요성을 절감하는 이들이 더욱 늘어나고 있다'는 게 그의 진단이었다. 사업계획서, 브랜드 소개서, 협업 파트너와 주고받는 메일 등 업무상 글쓰기를 피해 갈 수 있는 직장인은 몇 없을 테니 말이다.

커뮤니케이션 수단으로서 글을 쓸 때의 기본은 내가 생각하는 바, 아는 바, 주장하는 바를 되도록 누락 없이 전달하는 것이다. 그러려면 이 글의 목적이 무엇인지, 전하고자 하는 메시지가 무엇인지 명료하게 정리해야 하고, 목적 달성과 메시지 전달을 위해 글을 어떻게 구성해야 할지 고민해야 한다.

물론 글을 통해 최대한 내 의도를 전달하고자 해도, 타인에게 가닿는 순간 해상도가 떨어지는 건 어쩔 수 없는 결과일 테다. 그럼에도 글을 더 명료하게 쓰기 위해 노력하는 건 단순히 '일잘러'로서의 기술을 연마하는 게 아니다. 타인과 최선을 다해 소통하며 좋은 협업자로서의 태도를 만들어 나가는 일에 가깝다.

마지막으로, 브로콜리너마저의 「커뮤니케이션의 이해」라는 곡을 추천한다. '나만 이렇게 커뮤니케이션이 어렵나?' 싶을 때 들으면 조금은 위로가 된다.

일에서야말로 중요한 것은 이매진,
바로 상상이다.

미즈노 마나부, 『일하는 방법을 제대로 배운 건 처음입니다』
(고정아 옮김, 더퀘스트, 2020)

친한 친구와 어떤 프로젝트에 살짝 손을 보탤 기회가 있었다. 이 친구와는 이전에도 협업을 해 본 적이 있지만, 본격적으로 서로가 일하는 방식을 가까이에서 보는 건 처음이었다. 우리는 클라이언트의 일을 돕는 임무를 맡아 각자 아이디어를 발전시켜 나가기 시작했다. 친구는 회의를 시작한 그날부터 아이디어를 더 큰 스케일로 확장해 나갔다. 클라이언트가 부탁한 범위를 넘어 이 프로젝트의 본질적인 부분, 나아가 궁극적인 목표까지 알고 싶어 하는 친구를 보며 신기하다고 생각했다. 나는 그와 정반대 스타일이었다. 어디까지나 클라이언트의 일이고 그에게 주도권이 있으니, 큰 그림은 그가 직접 그리도록 하고 나는 눈앞의 일까지만 잘 진행할 수 있도록 아이디어를 내면 된다고 주장했다. 친구는 나를, 나는 친구를 낯설게 바라봤다. 친구가 말했다. "나는 내가 주도권을 가지고 시작한 일이 아니더라도 이렇게 큰 그림까지 상상해 놓아야 클라이언트와 어느 정도 대등한 위치에서 협업할 수 있다고 생각해. 내가 주도권을 직접 만들어 버리는 거지."

　우리 둘 중 하나의 방식만이 절대적으로 맞거나 틀렸다고 할 수는 없을 것이다. 누군가는 자신이 상상하지 못한 영역까지 뻗어 나가는 파트너를 원할 수 있고, 또 누군가는 자신이 정한 경계까지만 최선을 다해 주는 파트너를 선호할 수도 있다. 그럼에도 친구를 보며 일에서 상상이 만들어 내는 힘을 깨달을 수 있었다. 이 일은 본질적으로 어떤 의미를 담고 있는지, 궁극적으로 어떤 방향으로 나아가려고 하는지, 이 일이 최고로 잘됐을 때는 어떤 결과까지 만들어 낼 수 있을지 상상하는 데서 비롯되는 기세가 있었다. 같이 일하고 싶고 일하기 좋은 동료란, 이렇게 상상할 줄 아는 사람일지도 모르겠다.

때로 어쩔 수 없어 하는 일조차
우리는 의미를 부여하려 애쓴다.

제현주, 『내리막 세상에서 일하는 노마드를 위한 안내서』
(어크로스, 2014)

일하면서 했던 실수나 실패는 그다지 오랫동안 기억에 남지 않는다. 아마 자잘한 실수와 실패는 많았어도, 대단히 치명적이거나 극적인 경우는 아직 겪지 못했기 때문일 것이다. 내게 오래 남은 경험은 대부분 일하면서 부끄러움을 느낀 순간들이다.

커뮤니티에서 콘텐츠 디렉터로 일할 때의 경험이다. 커뮤니티란 사람의 손이 많이 닿을수록 양질의 서비스를 만들어 낼 수 있기에, 그날도 회사 구성원 모두가 멤버 전용 온라인 메신저에 쌓인 각종 생활/업무 관련 정보들을 아카이빙하고 카테고리별로 분류하고 있었다. 한 땀 한 땀 정보들을 일별하다 보니 문득 지쳐워졌다. 이걸 왜 하고 있지? 이게 정말 아카이빙되어야 할 정도로 유용한 정보인가? 반복되는 단순 업무에 지친 나는 동료들에게 뾰족한 말을 내뱉었다. "이게 이렇게까지 모두가 시간을 들일 정도로 중요한 정보인가요?" 사무실에 잠깐 정적이 흘렀다.

그 업무의 전체 책임을 맡은 동료가 조용히 대답했다. "저는 이게 쌓이면 커뮤니티에 아주 중요한 정보들이 될 거라고 생각해요. 지금은 별거 아닌 것처럼 보일 수 있지만요." 동료의 말에 나는 얼굴이 새빨개졌다. 나는 멤버들이 나눠 준 정보를 유용하지 않은 것으로 멋대로 판단했고, 함께 일하는 사람들을 힘 빠지게 만들었으며, 같이 하기로 결정한 일의 의미를 스스로 부여해 보려고 노력하지 않고 불평만 늘어놨던 것이다.

함께 일하는 과정에서 이유를 완벽히 파악할 수 있는 일, 내 마음이 온전히 동하는 일만 하기는 어렵다. 때때로, 실은 자주 스스로 의미를 해석하고 동력을 찾아내야 하는 일들과 마주해야 한다. 그럴 때 어떻게든 그 일의 맥락을 구성해 내는 사람들을 나는 존경한다. 일을 '되게' 만드는 건 그런 사람들이다.

하기 싫어도 해야만 하는 일들이 누구에게나 있고
그런 게 모여 생활이 된다.

이슬아, 『끝내주는 인생』

(디플롯, 2023)

내가 많이 힘들다고 느끼는 일 중 하나는 강연이다. 가끔은 강연을 앞두고 '하기 싫다'는 마음도 든다. 왜 그럴까, 이유를 고민하다 강연의 예측 불가능성 때문이라는 결론을 내렸다. 강연 준비를 꼼꼼히 하는 건 강연자의 기본 소양이지만, 강연은 강연자 혼자 만드는 게 아니라 참여하는 사람들과 함께 만드는 일이다. 어떤 사람들이 오는가, 그들이 어떤 태도로 이야기를 듣는가에 따라 분위기는 완전히 달라진다.

한번은 도서관에서 청소년을 대상으로 강연을 했다. 내가 청소년 시절에 했던 고민들을 들려주고, 각자가 하고 있는 고민을 글로 써서 서로 돌려보며 코멘트를 나누는 시간이었다. 신청한 것보다 적은 참석 인원에, 청소년들의 부모님에 어린이까지 섞여 있는 광경을 보고 불안감이 들었다. 강연 시간 내내 어린이가 내 이야기를 재미있게 듣고 있는지, 제대로 이해하고 있는지 신경이 쓰였다. 마침내 각자의 고민을 글로 쓰고 서로 돌려 읽는 시간이 되어, 나도 내 고민을 적고 참여자들로부터 코멘트를 받았다. '이런저런 일을 하고 있는데 내가 잘하고 있는 건지, 대체 무슨 일을 하는 사람인지 모르겠다'라는 요지였다. 돌려받은 종이에는 어린이 것이 분명한 글씨로 이렇게 쓰여 있었다. "지금 작가 활동도 되게 잘하고 계신 것 같은데요?"

예측 불가능하다는 것에는 불안이 내포되어 있지만, 생각지 못한 기쁨이 존재하기도 한다. 그 기쁨은 보통 내가 이미 안다고 생각했던 것, 모두 파악했다고 여겼던 것이 깨지면서 생겨난다. 강연이라는 일에는 그런 힘이 있다. 그 힘 때문에 괴로워하면서도 강연을 계속하게 되고, 그러다 보니 강연은 내 생활의 일부가 되었다. 나쁘지 않은 결말 같다.

모든 걸음은 발 헛디딤입니다.

구슬아, 『연구자가 세상에 말을 건네는 방법』
(yeondoo, 2024)

대학원에 가겠다는 생각은 단 한 번도 안 해 봤다. 그런데 일을 할수록 공부를 더 해야 할 것 같다는 생각이 슬그머니 고개를 들었다. 일하는 여성들의 커뮤니티를 만들고, 콘텐츠를 비평하고, 여성주의적 관점을 담은 글을 쓰는 사람으로서 나의 부족과 자주 마주했다. 이러다가 헛소리하는 사람이 되면 어쩌나, 직접 경험한 것 외에는 아무것도 모르는 사람이 되면 어쩌나. 일하면서 부끄러운 짓을 하는 사람이 되고 싶지 않았다.

대학원 진학은 그야말로 충동적인 결정이었다. 공부를 하게 된다면 여성학과나 인류학과로 가고 싶었고, 지금 진학한 학교에 여성학과가 있었고, 그곳은 교수님 추천서나 영어 성적을 요구하지 않았고, 마침 모집 공고를 확인한 날이 지원서 마감날이었던 것이다. 크게 고민하지 않고 입학해서 한 학기 한 학기가 차곡차곡 흘렀다. 일을 더 제대로 하고 싶어서 공부를 시작했는데, 일도 공부도 어설프게 하고 있다는 자책감에 시달리는 날이 대부분이다. "일이랑 공부를 어떻게 병행하세요?"라는 질문을 받으면 나조차도 대체 어떻게 하고 있는지 모르겠기에 "글쎄요, 허허…" 하고 웃을 수밖에 없다.

일도 공부도 연구도 어떤 지점에서는 재미있지만, 내가 일하는 사람도 학생도 연구자도 아닌 어중간한 위치에서 서성거리고만 있다는 느낌이 들 때면 '발 헛디딤'에 대한 공포가 커진다. 구슬아는 『연구자가 세상에 말을 건네는 방법』에서 발 헛디딤은 슬프거나 안타까운 일도 아니고 필연적인 거라고, "중요한 것은 헛딛고 또 헛디디며 비틀거리면서도 어떻게 계속 앞으로 나아가느냐라고 본다"고 했다. 비싼 등록금만 내고 아무것도 되지 못하는 건 아닐까 무서울 때, 이 말을 떠올린다.

크게 봤을 때 제게 일은
'세상과 관계 맺는 방법'입니다.

조소담, 『일잘잘: 일 잘하고 잘 사는 삶의 기술』
(김명남 외 8인 지음, 창비, 2023)

조경가 정영선과 그의 회사인 서안조경이 만들어 온 작업물을 모아 놓은 전시 「이 땅에 숨 쉬는 모든 것을 위하여」에 다녀왔다. 선유도공원, 대전엑스포, 아모레퍼시픽 사옥 등 워낙 많은 조경을 설계해 온 그의 방대한 기록을 살펴보는 것만으로 감격스러웠지만, 내 마음을 가장 강하게 사로잡은 것은 전시장 입구에서 재생되던 인터뷰 영상이었다. 인터뷰를 보니 정영선은 아산병원 조경을 설계할 당시 그곳이 단순히 병원의 기능에만 그쳐서는 안 된다고 생각했다. 환자와 환자 가족이 편안히 쉬고 가끔은 울기도 할 수 있는 공간, 의사와 간호사가 일터에서의 극심한 스트레스를 내려놓을 수 있는 공간으로 만들자고 다짐했다. '조경'이라는 일이 식물을 활용해 특정한 공간을 멋지게 꾸미는 것이라고만 짐작했던 내 머리를 강타하는 말이었다.

정영선이 일하는 태도를 뭐라고 표현하면 좋을까? '세상에 좋은 일을 하고픈 마음'이라는 모호한 말로는 부족하다. 내 생각에 그의 태도는 '나의 일이 타인 그리고 세상과 어떤 관계를 맺고 있는지 고민하고 그 관계에 책임을 지려는 노력'에 가까운 것 같다. 어떤 일도 사람도 완전히 홀로 떨어져 존재할 수는 없기 때문이다.

문득 나는 지금 어디에 서 있는지, 어떤 위치에서 무슨 일을 하며 세상과 관계 맺는 중인지 고찰해 본다. 내가 맺은 관계에 책임을 지는 행위로서의 일. 이것이 앞으로 어떤 일을 하든 내 기준이 될 것 같다.

일터는 매우 유의미한 정치 공간이다.

김현미, 『흠결 없는 파편들의 사회』
(봄알람, 2023)

조직에 속한 회사원으로 처음 일을 시작했을 때만 해도 잘 몰랐다. 한 사람의 일이라는 것이 이토록 정치와 깊게 연결될 수밖에 없다는 사실을. 일을 잘하고, 열심히 하고, 더 높은 자리에 오르고, 더 많은 돈을 벌고, 그걸로 내 삶이 안온하고 풍요로워진다면 더 바랄 게 없다고 믿었다. 지금은 일터가 유의미한 정치 공간이라는 말에 격하게 동의할 수밖에 없다.

우리는 많은 시간을 일에 쓴다. 우리 대부분이 일상의 많은 시간을 일에 할애하는 만큼, 일이 삶에서 중요한 위치를 차지하고 있다는 사실을 부인하기는 어렵다. 사람들은 일을 통해 생활을 영위하고, 타인과 관계를 맺으며, 사회 구조와 규범을 경험하고 학습한다. 나는 어떤 일을 하고 싶은가, 일을 통해 무엇을 이루고 싶은가는 어떤 삶을 꿈꾸는지와 떼어 놓고 말할 수 없다. 주변 사람들과 사회가 내게 미치는 영향에서도 완전히 자유로울 수 없다.

그래도 일은 일이고 일터는 일터일 뿐이지 거기에 정치가 어디 있냐고 묻는다면, '일과 일터를 둘러싼 모든 것이 정치'라고 답하고 싶다. 나는 왜 상사의 눈치를 보는지, 왜 어떤 이는 빠르게 승진하고 어떤 이는 그럴 수 없는지, 왜 일터에서 나는 나의 가치관이나 신념에 대해 말하지 않는지, 일터에서 기본적인 권리를 찾기 위해 싸워야만 하는 이들은 누구인지, 일터에서 배제되는 이들은 또 누구인지. 이 모든 질문은 사회가 돌아가는 방식과 무관하지 않다. 따라서 일과 일터의 문제를 인식하고 바꾸려는 노력은 세상을 바꾸기 위한 행동이기도 하다.

일을 자세히 들여다보려면, 일과 나/우리의 관계를 정말 건강하게 만들려면 시선을 넓혀야 한다.

"그냥 간단"하게 "노력하면 되는" 해결책을
제시한다는 점에서 능력주의는 효용성을 갖는다.

이소진, 『증발하고 싶은 여자들』
(오월의봄, 2023)

대학을 졸업할 때쯤 입사 시험을 보려고 부산에서 서울로 여러 차례 이동했다. 대부분의 입사 시험이 이른 아침부터 진행되던 터라 내가 선택할 수 있는 방법은 두 가지였다. 시험 전날 서울로 가서 숙박업소에서 하룻밤을 묵거나, 새벽 첫 기차를 타고 서울로 가거나. 전자는 돈이 많이 들었고 후자는 몸이 피곤했다. 돈과 체력을 모두 조금씩 아끼려면 찜질방에 묵는 수밖에 없었다. 잠을 설치고 다음 날 아침이 되어 시험장에 가는 길에 서러움이 밀려왔다. 서울에 있는 집에서 시험장으로 갈 수 있는 사람들과 내가 과연 동등한 조건에서 시험을 치른다고 할 수 있는지, 이게 공정한 건지 의문스러웠다.

모든 사람은 같은 출발선에 서지 않는다. '네가 잘하면 돼' '능력만 있으면 못 할 게 어딨어?' 같은 말은 그래서 위험하다. 능력만 뛰어나다면 뭐든지 할 수 있다는 말은 모든 것을 개인의 책임으로 만든다. 이것이 능력주의다. 능력주의는 여성이라도, 장애가 있어도 능력만 있으면 당연히 좋은 일자리를 가질 수 있으므로 모든 게 개인의 역량에 달렸다는 결론을 낳는다. 계급, 성, 지역, 인종 등 무엇에도 영향받지 않고 오로지 개인의 능력만으로 이루어 낼 수 있는 것은 사실 아무것도 없음에도, 능력주의는 완벽한 공정이 가능하다고 믿게 만든다.

몇 년 전 모 회사는 계약직으로 입사한 직원들을 정규직으로 전환한다고 발표했다. 기존 정규직 중 일부는 힘들게 입사 시험을 치르고 회사에 들어온 사람들과 계약직으로 들어온 사람들이 같은 처우를 받게 됐다는 데 분노했다. 능력주의의 가장 나쁜 점은, 우리가 타인과 연결되어 있다는 사실, 나 혼자 잘 사는 게 전부가 아니라는 사실을 잊게 한다는 것이다. 우리는 세상 속에 함께 있다.

한국 정부는 이주노동자를 삶이 있는 존재가 아니라
노동력으로 여길 뿐이다.

정혜실, 『우리 안의 인종주의』
(메멘토, 2023)

맛있기로 소문난 칼국숫집에서 밥을 먹었다. 사장님이 갑자기 자랑스럽게 말했다. "우리 집에서는 국산 재료밖에 안 써. 직원도 전부 한국인이야." 자부심의 출처를 알 수 없어서 식당을 나온 뒤에도 찜찜했다. 그가 '외국인 직원을 쓰지 않는다'고 한 것이 이주노동자를 헐값에 후려치지 않는다는 뜻인지, 이주노동자를 차별해서 애초에 고용하지 않는다는 뜻인지 궁금했다.

가격이 저렴한 식당에서 일하는 이주노동자를 보면 마음이 불편하다. '내가 저렴한 값에 맛있게 먹고 있는 이 밥이, 혹시 일하는 사람들의 인건비를 깎아서 만들어진 건 아닐까?'라는 걱정이 들어서다.

한국에서 이주노동자는 값싼 노동력으로 여겨진다. 한국 사람들이 꺼리는 위험하고 고된 일터를 그들이 채워 주고 있으며, 그들의 생활 환경도 일터만큼 열악하다. 취업 비자가 있든 없든 마찬가지다. 2020년 12월에는 캄보디아에서 온 서른 살 여성 이주노동자 누온 속헹이 경기도 포천의 비닐하우스에서 사망한 채 발견됐다. 그는 고용허가제로 한국에 들어온 노동자였다. 어떻게 이런 참사가 벌어질 수 있는지 이해되지 않지만, 많은 이주노동자가 이렇게 살아왔고 살아가는 상황이다.

2024년 6월에는 경기도 화성의 리튬전지 제조업체 아리셀 공장에서 폭발 화재가 발생해 23명의 노동자가 사망했다. 그중 18명은 공장에서 더 많은 이윤을 남기기 위해 고용한 이주노동자였다. 아리셀 참사는 노동자를 비용 절감의 도구로 여길 때 일터가 얼마나 위험해질 수 있는지 생생히 보여 준다. 희생된 모든 노동자의 명복을 빈다. 뒤늦게 명복을 비는 것 말고 내가 무엇을 할 수 있을지 고민하면서, 부끄러운 마음으로 빈다.

이야! 지하철이란 곳이 진짜로 노동력을
실어 나르는 컨베이어 벨트구나.

박경석, 『출근길 지하철』
(위즈덤하우스, 2024)

나는 지금 이 글을 지하철에서 휴대폰으로 쓰고 있다. 지하철은 비장애인 노동자인 내게 불편함이 거의 없는 대중교통이다. 일을 하러 가기 위해 지하철을 쉽게 탈 수 있고, 그와 동시에 지하철 의자에 앉아 또 다른 일을 할 수도 있다. 일정한 사무실로 출퇴근하지 않는 내게도 지하철은 노동을 하고 돈을 벌려면 꼭 필요하다.

전국장애인차별철폐연대(이하 전장연)가 출근길 지하철에서 장애인의 이동권을 보장하라는 시위를 벌였을 때, 어떤 사람들은 '불편하게 왜 하필 출근 시간에 저러냐'는 불만을 터뜨렸다. 직장인은 출근해야 하니까, 학생들은 지각을 하면 성적이 깎이니까 지하철이 지연되는 상황을 견디기 어려워한다. 지하철이 조금만 늦어도 생산성에 영향을 미치는데, 지하철을 편하게 이용할 수 없는 장애인들이 노동권을 제대로 보장받기란 얼마나 어려운 일일까. 이동이 어렵다는 건 단지 편하게 움직일 수 없다는 게 아니라 노동과 사회적 관계 등에서도 쉽게 소외될 가능성을 안고 있다는 뜻이다.

그러니까 '왜 하필 출근길 지하철이냐'라는 질문은 전제부터 틀린 것이다. 이 질문은 '내가 알지 못했던 타인의 불편함은 무엇인가' 또는 '우리 사회가 장애인을 어떤 방식으로 배제하고 있는가'로 바뀌어야 한다.

크립 타임은 시간 여행이다. 장애와 질병은
규범적인 생애 주기의 선형적이고 앞으로 나아가는
시간에서 우리를 이탈하게 한다.

앨리스 웡, 『급진적으로 존재하기』
(박우진 옮김, 가망서사, 2023)

『출근길 지하철』에서 박경석 전장연 대표는 '권리중심공공일자리'를 소개한다. 2020년부터 본격적으로 시작된 이 일은 한국 정부가 비준한 'UN장애인권리협약'을 대중에게 알리는 일이다. 보이지는 않지만 중요한 가치인 '권리'를 만들어 내는 이 일을 하는 노동자들은 주로 중증장애인이다.

장애학의 개념 중 '불구의 시간'crip time이라는 것이 있다. 표준으로 여겨지는 비장애인 중심의 시간 감각이 아니라, 장애인 개인의 몸과 마음에 맞춘 시간을 의미한다. 현재 대부분의 일자리는 질병과 장애가 없는, 하루에 9시간을 꼬박 일할 수 있는, 그리고 어쩌면 집에서 돌봄 노동을 해 줄 이가 있는 노동자를 상정한다. 이 기준이 얼마나 허구이며 환상인지는 몸이 아프거나, 주변 누군가를 집중적으로 돌봐야 하는 상황에 처하면 바로 알게 된다. 사람들은 대체로 자신의 체력과 상황이 변하지 않을 거라고, 지금과 비슷한 생산성을 유지하며 일할 수 있을 거라고 생각하는 경향이 있다. 삶은 언제나 불확실하고 상황은 언제든 변할 수 있기에 질병도, 장애도, 돌봄 대상도 없는 상태에서의 노동을 기준 삼아서는 안 되는데도 말이다.

박경석은 "최중증장애인이 노동을 하려면 정말로 노동 패러다임을 전면적으로 뒤집지 않고는 불가능"하다고 말한다. '권리중심공공일자리'와 같이 세상에 필요한 가치를 만들어 내고 공표하는 일을 일로 인정해야 한다는 의미다.

무엇이 일이고, 무엇은 일이 아닌지 다시 생각해 본다. 혹은 무엇이 일이 될 수 있는지도. 권리중심공공일자리 같은 일들이 지금보다 훨씬 더 많아지면, 어떤 변화가 일어날까? 일에 관해 새롭게 만들어질 이야기들이 궁금해진다.

삶을 바꾸어서 우리 자신을 더 나은 노동자로
만드는 대신, 노동을 바꾸어서 우리의 삶을
더 나은 것으로 바꾸어야 한다.

앤 헬렌 피터슨·찰리 워절, 『우리는 출근하지 않는다』
(이승연 옮김, 반비, 2023)

그동안 일해 온 시간을 돌아보면 크게 몇 가지 장면이 떠오른다. 하나는 신입 기자 시절, 선배들에게 '회사에 지금 무슨 일이 일어나고 있는지 알고 싶다'고 말했던 것이다. 나를 포함한 신입 직원들이 중요한 정보에서 배제되어 있다는 느낌을 받을 때였다. 바들바들 떨리는 목소리로 우리에게도 정보를 공유해 달라고 요청하자 선배들은 그제야 회사 사정이 무척 어렵다고 말했다. 그 상황에서 내가 할 수 있는 건 거의 없었지만, 상황을 공유받을 권리가 있다고 요구한 행동은 용감했다고 생각한다.

또 하나는 회사에서 내려온 부당한 인사 발령 조치에 항의하며 함께 일하던 선배들이 모두 퇴사 의사를 밝힌 것이다. 당시 경력 2년 차에 접어들었던 나는 그 조치에 분노하면서도 내 안위를 챙기느라 같이 퇴사하지 못했다. 모아 둔 돈도, 그럴싸한 경력도 없는데 일을 그만두면 뭘 할 수 있을지 겁이 났다. 그때의 단체 행동에 동참하지 못했다는 것은 내게 크나큰 죄책감과 부끄러움을 안겨 주었다.

일한 시간이 쌓이면서 알게 된 건 아무리 회사가 크고, 일은 거대하고, 나는 작게 느껴져도 할 수 있는 행동은 분명히 있다는 사실이다. 부당하고 불합리한 일터와 일에 순응하고 체념할 게 아니라, 이걸 바꾸기 위해서 내 자리에서 가능한 것은 무엇인지 고민하고 작게라도 실천하는 게 중요하다. 결국 일하며 가장 오랫동안 남는 건 아무것도 할 수 없을 것 같았던 상황에서도 뭔가 해 보려고 노력했던 기억들이다.

이건 내가 일해 온 경로에 어떤 장면을 남길 것인가의 문제이기도 하다. 일과 일터에 덜 휘둘리며 그것들을 바꾸는 주체로서 '일하는 나'의 역사를 스스로 써 내려가는 방법에 대한 이야기다.

일의 말들
가뿐한 퇴근길을 만드는 감각

2025년 5월 4일　　초판 1쇄 발행
2025년 8월 4일　　초판 2쇄 발행

지은이
황효진

펴낸이	펴낸곳	등록	
조성웅	도서출판 유유	제406-2010-000032호(2010년 4월 2일)	
	주소		
	경기도 파주시 돌곶이길 180-38, 2층 (우편번호 10881)		
전화	팩스	홈페이지	전자우편
031-946-6869	0303-3444-4645	uupress.co.kr	uupress@gmail.com
	페이스북	트위터	인스타그램
	facebook.com /uupress	twitter.com /uu_press	instagram.com /uupress
편집	디자인	조판	마케팅
인수, 조은	이기준	정은정	전민영
제작	인쇄	제책	물류
제이오	(주)민언프린텍	다온바인텍	책과일터

ISBN 979-11-6770-119-0 03810